SÉRIE INCLUSÃO ESCOLAR

inter
saberes

2ª edição

EDUCAÇÃO ESPECIAL
NA PERSPECTIVA INCLUSIVA: FUNDAMENTOS PSICOLÓGICOS E BIOLÓGICOS

Gisele Sotta Ziliotto

Rua Clara Vendramin, 58 . Mossunguê
CEP 81200-170 . Curitiba . PR . Brasil
Fone: (41) 2106-4170
www.intersaberes.com
editora@intersaberes.com

Conselho editorial	Dr. Alexandre Coutinho Pagliarini
	Drª Elena Godoy
	Dr. Neri dos Santos
	M.ª Maria Lúcia Prado Sabatella
Editora-chefe	Lindsay Azambuja
Gerente editorial	Ariadne Nunes Wenger
Assistente editorial	Daniela Viroli Pereira Pinto
Edição de texto	Monique Francis Fagundes Gonçalves
Capa (*design*)	Kátia Priscila Irokawa
(adaptação)	Sílvio Gabriel Spannenberg
(imagem)	Andrei Mayatnik/Shutterstock
Projeto gráfico	Bruno Palma e Silva
Diagramação	Fabiana Edições
Iconografia	Regina Claudia Cruz Prestes

Dados Internacionais de Catalogação na Publicação (CIP)
(Câmara Brasileira do Livro, SP, Brasil)

Ziliotto, Gisele Sotta
 Educação especial na perspectiva inclusiva : fundamentos psicológicos e biológicos / Gisele Sotta Ziliotto. -- 2. ed. -- Curitiba, PR : Editora Intersaberes, 2023.

 Bibliografia.
 ISBN 978-85-227-0431-6

 1. Educação inclusiva 2. Prática de ensino 3. Prática pedagógica 4. Professores - Formação I. Título.

23-140935   CDD-379.26

Índices para catálogo sistemático:
 1. Educação inclusiva : Formação profissional : Políticas e práticas   379.26

Eliete Marques da Silva - Bibliotecária - CRB-8/9380

Foi feito o depósito legal.
1ª edição, 2015.
2ª edição, 2023.

Informamos que é de inteira responsabilidade da autora a emissão de conceitos.
Nenhuma parte desta publicação poderá ser reproduzida por qualquer meio ou forma sem a prévia autorização da Editora InterSaberes.
A violação dos direitos autorais é crime estabelecido na Lei n. 9.610/1998 e punido pelo art. 184 do Código Penal.

Sumário

Dedicatória, vii

Agradecimentos, ix

Apresentação, xi

Introdução, xiii

1. Enfoques psicológicos sobre o desenvolvimento humano, 17
   1.1 A vertente empirista e o desenvolvimento humano, 18
   1.2 O enfoque inatista, 19
   1.3 A visão de desenvolvimento humano na teoria piagetiana, 22
   1.4 O pensamento de Vygotsky sobre o desenvolvimento humano, 26
      1.4.1 Defectologia: contribuições para a educação especial, 30
   1.5 Contribuições das teorias da modificabilidade cognitiva estrutural (MCE) e da experiência de aprendizagem mediada (EAM), 33
   1.6 A visão ecológica do desenvolvimento humano, 36

2. O processo diagnóstico na educação especial e a prevenção das causas de deficiências: aspectos gerais, 47
   2.1 A polêmica do processo diagnóstico e suas implicações, 48
   2.2 Importância da prevenção, 56
      2.2.1 Fatores pré-natais, 59
      2.2.2 Fatores perinatais, 62
      2.2.3 Fatores neonatais, 63
      2.2.4 Fatores pós-natais, 64

3. Educação especial na perspectiva inclusiva, 75
   3.1 Reflexões sobre as terminologias utilizadas na educação especial, 75
   3.2 Política Nacional de Educação Especial na Perspectiva da Educação Inclusiva, 81
   3.3 Público-alvo da educação especial: deficiências, transtornos globais do desenvolvimento e altas habilidades/superdotação, 86
      3.3.1 Altas habilidades/superdotação, 86
      3.3.2 Deficiências sensoriais, 87
      3.3.3 Deficiência física, 92
      3.3.4 Deficiência intelectual, 94
      3.3.5 Transtornos globais do desenvolvimento (TGDs), 95

Considerações finais, 109

Glossário, 113

Referências, 115

Bibliografia comentada, 131

Gabarito, 133

Sobre a autora, 135

Dedicatória

A minha mãe, Geslei (in memoriam), *uma das pessoas mais maravilhosas com quem convivi e tive o privilégio de aprender com seu exemplo de vida pessoal e profissional.*

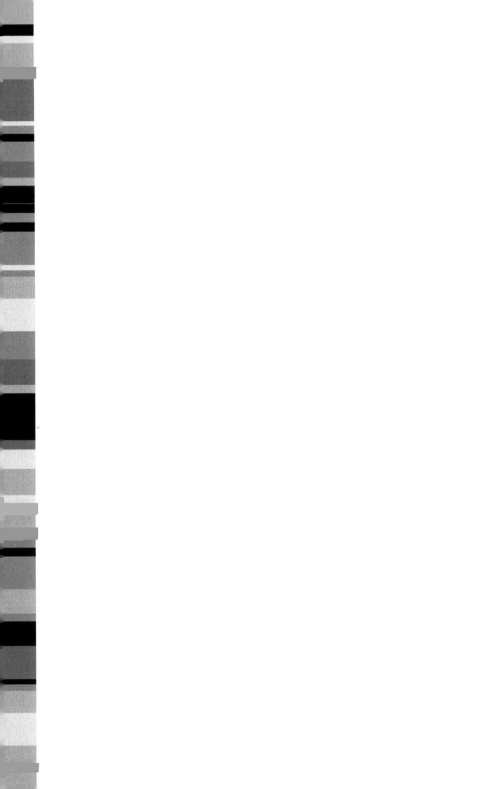

Agradecimentos

A Deus, pelas oportunidades recebidas cotidianamente.

A minha família, em especial aos meus filhos queridos, Hector e Daphne, e ao meu esposo, Hipólito Jr., pela compreensão e pelo afeto e apoio incondicionais.

Aos alunos "especiais" que me enriquecem no percurso profissional pelos desafios propiciados e exemplos de superação.

Aos profissionais que me proporcionam interrogações e compartilhamento de experiências e saberes.

Aos envolvidos com a preparação deste livro, à Uninter, aos amigos, colegas e a todos aqueles que cruzam o meu caminho e me fortalecem com sugestões, críticas e reflexões.

A sua limitação pode não ser o seu limite.
Ziliotto, 2004, p. 11.

Apresentação

Este livro aborda questões relacionadas aos fundamentos teóricos do desenvolvimento humano e apresenta aspectos concernentes à educação especial, considerando a Política Nacional de Educação Especial na Perspectiva da Educação Inclusiva do Ministério da Educação – MEC (Brasil, 2008a), sintetizados ao longo de três capítulos.

No primeiro capítulo, expomos diferentes enfoques teóricos acerca do desenvolvimento humano e a importância das interações ocorridas em diferentes contextos, além de ressaltar a função do professor como mediador da aprendizagem, suas relações com o processo educacional e as contribuições para a educação das pessoas público-alvo de educação especial.

No segundo capítulo, tratamos do processo de avaliação diagnóstica e da contundente questão da rotulação/classificação e suas repercussões no desenvolvimento do aluno, alertando todos os profissionais envolvidos sobre a necessidade de compreender o sujeito em sua totalidade, prevalecendo os aspectos qualitativos nas diferentes áreas do desenvolvimento, as habilidades e os progressos dos que apresentam deficiências e respectivas necessidades educacionais especiais. Discorremos ainda sobre a importância da prevenção das deficiências e a participação social e política diante da adoção de medidas preventivas, abordando algumas das principais etiologias das deficiências e suas características.

No último capítulo, propomos uma reflexão sobre as diferentes terminologias usadas ao longo da história para designar as pessoas com deficiência, bem como chamamos a atenção do leitor quanto ao possível estigma atribuído aos "diferentes". Apresentamos também os enfoques vinculados aos termos, com o objetivo de que a prática evidencie as habilidades desses indivíduos e que isso se reflita nos âmbitos educacional, político e social. Além disso, identificamos o público-alvo da educação especial definido pela Política Nacional de Educação Especial na Perspectiva da Educação Inclusiva do Ministério da Educação – MEC (2008a), abordando de maneira sucinta as características básicas das deficiências sensoriais, físicas e intelectuais, bem como dos transtornos globais do desenvolvimento (TGD) e altas habilidades/superdotação (AH/SD).

Cada capítulo apresenta, ao final, uma síntese das principais ideias discutidas, além de oferecer sugestões de livros, textos e filmes pertinentes ao tema tratado, procurando proporcionar momentos de reflexão e aproximação entre teoria e prática.

Introdução

A temática da educação especial está atrelada à polêmica questão do processo de inclusão educacional e seus desdobramentos. Atualmente, vivenciamos um novo paradigma na educação, que impulsiona os sistemas de ensino a repensarem seu fazer pedagógico para proporcionar educação inclusiva de qualidade a todos os alunos – entre eles os alunos público-alvo da educação especial.

Com o advento da escola inclusiva, a sociedade tem avançado em seu conhecimento em relação à educação especial, ampliando a discussão tanto no campo teórico, com inúmeras publicações sobre o tema, além de pesquisas e debates, quanto na proposição de políticas públicas, defendendo os direitos das pessoas com deficiência, transtorno global de desenvolvimento (TGD) e altas habilidades/superdotação (AH/SD) e impondo aos sistemas educacionais de nosso país uma proposta de inovação em sua funcionalidade.

Também podemos perceber avanços na busca de parcerias intersetoriais, envolvendo outras áreas, como a tecnológica – com o desenvolvimento de novos recursos em tecnologia assistiva –, a educacional, a social e a profissional, visando possibilitar às pessoas com deficiência, transtorno global do desenvolvimento e altas habilidades/superdotação novas possibilidades de desenvolvimento e inserção social e profissional.

Pensamos que refletir sobre a educação especial na perspectiva inclusiva viabiliza novas concepções e um novo olhar à diversidade, voltado à cidadania e à igualdade de direitos no atendimento às reais necessidades educacionais especiais apresentadas pelos alunos. Essa reflexão almeja, sobretudo, que na escola inclusiva se promovam a autonomia de pensamento e a produção de saberes, rompendo com antigas práticas educativas baseadas na aprendizagem passiva, padronizada e excludente.

Não pretendemos, com este livro, esgotar a discussão em si, mas sim sistematizar os principais enfoques teóricos que envolvem o desenvolvimento humano, no intuito de instigar não só o conhecimento na área da educação especial inclusiva, mas também a compreensão dos fatores envolvidos no processo de desenvolvimento, visando à colaboração para a práxis educacional.

Enfoques psicológicos sobre o desenvolvimento humano

Neste capítulo, apresentaremos os principais enfoques teóricos ao longo da história da humanidade por meio dos quais se buscou compreender o desenvolvimento do ser humano, analisando-o de diferentes maneiras. Nesse sentido, perpassaremos pelas diferentes análises, desde meados dos séculos XVII e XVIII, com as teorias empirista ou ambientalista, posteriormente por outra vertente, denominada *inatismo*, e, ainda, pelos estudos na perspectiva interacionista, destacando as teorias psicogenética, da modificabilidade cognitiva estrutural (MCE), da experiência de aprendizagem mediada (EAM) e sócio-histórica, além da visão ecológica na psicologia evolutiva do desenvolvimento humano, que abordamos a seguir.

1.1 A vertente empirista e o desenvolvimento humano

De acordo com esse enfoque, o homem não nasce inteligente e é considerado uma "tábula rasa", um ser passivo submetido às forças do meio as quais provocam e modificam o comportamento dele. Como principais representantes dessa concepção, encontram-se John Locke (1632-1704), Ivan Pavlov (1849-1936), John Watson (1878-1958) e Burrhus Frederic Skinner (1904-1990). Esses estudiosos defendiam que o desenvolvimento da inteligência humana é determinado pelo meio ambiente, e não pelo sujeito, isto é, mediante a experiência adquirida pela criança em contato com o meio, resultado de uma construção do que se percebe por intermédio dos sentidos. Conforme Palacios (1995, p. 12), "não há nada na inteligência que não tenha passado antes pelos sentidos".

Sob essa perspectiva, destacou-se a tendência behaviorista, que apresentava um olhar inovador sobre o estudo do comportamento, investigado por meio de estímulos e respostas. Um dos principais teóricos dessa tendência foi Skinner, com sua tese da análise experimental do comportamento e o condicionamento operante, segundo a qual a aprendizagem é considerada uma mudança de comportamento que ocorre com base em estímulos do meio aos quais o indivíduo reage, ou seja, para os quais emite respostas. A resposta, ao ser reforçada, aumenta a probabilidade de se repetir – e, assim, ocorre o condicionamento. Para o psicólogo americano, o homem é moldado mediante condicionamentos.

Todorov e Moreira (2009) ressaltam a influência do behaviorismo não só no avanço dos estudos de comportamento, mas também na educação, na medida em que esse enfoque centrou as pesquisas no caráter processual da mudança de comportamento e no modo como os aspectos ambientais influenciavam-no, considerando as variáveis internas do sujeito. Para Vasconcelos, Praia e Almeida (2003, p. 12), as teorias behavioristas da aprendizagem escolar têm como "objetivo principal alcançar comportamentos apropriados por parte dos alunos, basicamente entendidos como apropriação e modificação de respostas [...] em que o ensino realça o saber fazer ou a aquisição e manutenção de respostas".

A influência da teoria empirista ou ambientalista na educação se fez presente no planejamento de ensino calcado na sequência de atividades e na instrução programada, buscando, assim, atingir os objetivos propostos. Ao professor, cabia exercer, por intermédio de vários artifícios, o reforço positivo para os comportamentos esperados, acentuando com o treinamento a mudança desejada no sujeito. Nas palavras de Azenha (1994, p. 19): "Dessa forma, os 'estímulos' externos seriam os únicos fatores responsáveis pelo desenvolvimento mental e pelos conteúdos resultantes das reações ou respostas a eles". Assim, predominavam a palavra do professor, as regras e a transmissão verbal do conhecimento; o professor era considerado o centro do processo de ensino-aprendizagem e o aluno um ente passivo (Díaz, 2012).

1.2 O enfoque inatista

Essa vertente acreditava na existência de determinadas características inatas do ser humano, "admitindo, na origem, uma forte determinação ou dotação mental desde o nascimento" (Azenha, 1994, p. 20). Nesse enfoque, o desenvolvimento da inteligência é determinado pelo indivíduo, e não pelo meio. A ideia é que o ser humano já nasce com a inteligência pré-moldada, com capacidades e aptidões – como a linguagem, considerada uma capacidade inata do homem, conforme defendido pelo linguista Noam Chomsky na década de 1950.

Nessa perspectiva teórica, a ênfase se concentra nos fatores maturacionais e hereditários como definidores da constituição do ser humano e do processo de conhecimento. O desenvolvimento humano é compreendido como preexistente, já que as propriedades da espécie humana são geneticamente determinadas e, por essa razão, a função do ambiente a que o sujeito está exposto pouco o influencia. Dessa maneira, o ser humano reorganiza sua inteligência por meio das percepções que lhe são inerentes, e não pelos estímulos externos do meio (Azenha, 1994).

Na educação, repercutiram os testes de aptidão e a prontidão para aprendizagem. Cabia ao professor acreditar nas possibilidades do indivíduo, criando um ambiente de liberdade para que ele se desenvolvesse, atuando somente nos níveis já atingidos pelo aluno. Conforme relata Díaz (2012, p. 62), esse enfoque caracteriza-se por "práticas educacionais espontâneas, pouco desafiadoras: primeiro esperar para depois fazer. [...] [Ainda de acordo com essa perspectiva,] as capacidades básicas para aprender não se criam, se nasce com elas e elas permitem o aprender".

> PARA REFLETIR
> Revisitando sua história como aluno, você se recorda de práticas pedagógicas que se assemelhem a essas vertentes? Cite exemplos de atividades que caracterizam essas concepções e socialize-as.

Palacios (1995) explica que, para se desenvolver, o ser humano recebe a influência da filogênese (desenvolvimento da espécie), que define características como as morfológicas (um cérebro, dois olhos etc.), e influencia no processo maturativo, como o reflexo de sucção, o reflexo de Moro do bebê recém-nascido, ou, ainda, o desenvolvimento da marcha, em que primeiro engatinhamos e depois andamos, bem como a puberdade, quando ocorrem transformações das funções biológicas (fatores endógenos).

Assim, a transmissão de características físicas através de várias gerações – a hereditariedade – tem grande impacto sobre o desenvolvimento do ser humano, determinando desde um conjunto de características físicas (como cor de olhos, altura etc.), a tendência para executar tarefas intelectuais, até padrões de temperamento e de perturbações emocionais.

Os padrões de mudança sequenciais dados pela maturação do ser humano ocorrem independentemente da prática e do treinamento, porém, são passíveis de alterações à medida que o organismo sofre alguma privação do meio ou algum tipo de acidente no desenvolvimento do indivíduo (fatores exógenos).

Nas palavras de Palacios (1995, p. 10),

Os processos psicológicos são possibilitados pelos genes que nos definem como membros da espécie, sendo limitados por um determinado calendário maturativo que determina o momento em que certas aquisições são possíveis, e são finalmente determinadas em sua realização pelas interações da pessoa com seu meio.

Tal condição de interdependência permite, por exemplo, a aquisição da linguagem, a qual necessita de bases maturativas e de um aparato biológico (órgãos fonadores) que possibilita a fala, mas que só se desenvolve quando há interação da criança com o meio social, fator que lhe permite aprender a língua da cultura em que vive. O caso ilustrado no filme *O garoto selvagem* (1970) comprova a importância dos fatores ambientais agregados ao desenvolvimento biológico do ser humano.

1.3 A VISÃO DE DESENVOLVIMENTO HUMANO NA TEORIA PIAGETIANA

Seguindo os princípios citadas na seção anterior – e opondo-se às propostas anteriores –, surgiu a psicologia de cunho interacionista, a qual acredita que o desenvolvimento da inteligência é determinado pelas ações mútuas entre o indivíduo e o meio, além de defender que o homem não nasce inteligente, mas também não é passivo ante a influência do meio (Lopes, 2001). Essa abordagem não nega o fator da maturação e o aparato biológico da espécie humana, que se desenvolve à medida que interage com os estímulos externos.

O principal defensor dessa perspectiva teórica, Jean Piaget (1896-1980), desenvolveu seus estudos preocupado em saber como evolui o conhecimento na espécie humana desde o nascimento até a idade adulta, defendendo que "a criança explica o homem tanto quanto o homem explica a criança" (Inhelder; Piaget, 1993, p. 9). Para o epistemólogo suíço, a interação com o mundo possibilita a construção de estruturas cognitivas, a qual envolve alguns fatores, como a maturação nervosa, a experiência adquirida na ação sobre o objeto, as interações e as transmissões sociais, além da invariante funcional entre assimilação e acomodação, as quais resultam no processo de equilibração do organismo com o meio, possibilitando a autorregulação, entendida como a dinâmica que conduz reconstruções/desequilíbrios para estados de estruturações superiores. Assim, o desenvolvimento intelectual assume um caráter processual, ao permitir sucessivas reestruturações do conhecimento, o que garante a adaptação, ou seja, um estado de equilíbrio entre o indivíduo e o meio.

Piaget discordava veementemente das teorias anteriores que consideravam o indivíduo um ser passivo perante o conhecimento ou, ainda, o fato de o saber estar incorporado desde o nascimento. Sua teoria é considerada interacionista ao postular que o conhecimento é construído pela criança com base em suas ações e interações no meio social em que está inserida, apreendendo as regras, o conjunto de leis que regem a sociedade, a moral, os valores e o sistema de linguagem a que está exposta em seu meio com outras pessoas.

Para o teórico, a criança constrói, ao longo do processo de desenvolvimento, o próprio modelo de mundo. As ações dela inicialmente estabelecem formas de exploração do mundo e aos poucos se integram em esquemas psíquicos ou modelos elaborados por ela. Piaget defende, ainda, que o conhecimento é construído num processo de interação ativa da criança com o mundo externo, à medida que ela extrai dos próprios objetos o conhecimento, agindo sobre eles e descobrindo suas propriedades, partindo das informações perceptivas, as quais o estudioso denominou de *experiência física*. Até o ponto no qual passa a agir sobre os objetos, com tomada de consciência e pensamento, o indivíduo encontra-se num processo de aprendizagem denominado de *conhecimento lógico-matemático*.

Piaget estabeleceu sua teoria numa sucessão de estágios e subestágios caracterizados pela forma especial com que os esquemas (ação, conceitos) se organizam, formando as estruturas de pensamento que permitem ao indivíduo interagir com a realidade. O conjunto de estágios da estrutura da inteligência, segundo Inhelder e Piaget (1993), é organizado em três grandes etapas, que descrevemos sucintamente na sequência.

A **inteligência pré-operatória** compreende o período sensório-motor (0 a 2 anos), considerando as atividades práticas ligadas às experiências sensoriais e à ação motora. Destaca-se nessa fase o estabelecimento da construção do conceito de objeto permanente e das primeiras representações simbólicas. Ainda nessa etapa, integra-se o **período preconceitual (2 aos 7 anos)** – subdividido em dois grandes estágios, o intuitivo global e o intuitivo articulado –, que vai até os 7 anos aproximadamente, caracterizado pelo raciocínio ainda ligado à percepção dos objetos e à ausência de reversibilidade de pensamento.

Num desenvolvimento posterior, o **pensamento operatório concreto**, ou o **período das operações concretas** (7 a 11-12 anos), é marcado pelo aparecimento da lógica da criança ao operar os objetos. Em seguida, vem o **período das operações formais** (12 a 14-15 anos), que compreende o aparecimento da lógica, das operações dedutivas e das abstrações mentais, em que o jovem se torna capaz de raciocinar corretamente sobre proposições e inferir as consequências, dando início aos processos de pensamento hipotético-dedutivos.

No sistema conceitual piagetiano, os estágios de desenvolvimento apresentam uma ordem sequencial de aquisição que se incluem hierarquicamente, ou seja, integram-se sucessivamente e de forma gradual às estruturas seguintes.

A ordem de aparecimento dessas fases é a mesma, em todos os seres humanos, mas, como destacaram as investigações transculturais, podem-se produzir importantes avanços ou retrocessos em função da experiência e da história educativa de cada pessoa. (Palacios, 1995, p. 328-329)

ATENÇÃO: **Essa citação sugere que não devemos ver as fases do desenvolvimento como algo linear, posto que não são centradas apenas na idade cronológica, mas também na consideração do desenvolvimento das individualidades.**

As implicações pedagógicas da teoria se referem às relações professor-aluno, às experiências e tentativas do sujeito e às transmissões de valores e conhecimentos da cultura em que está inserido. É papel da escola fornecer o conjunto de experiências educativas necessárias à reflexão abstrata sobre a realidade, na medida em que ela se constitui em um espaço para experimentar conhecimentos, integrá-los a esquemas assimilativos existentes e utilizá-los em situações teóricas e práticas, enfatizando-se a aprendizagem ativa, apoiada em materiais concretos, e a interação por meio de trabalhos em grupos. Há o incentivo à autonomia do aluno pela busca de fontes variadas de conhecimento e não só o saber do professor é valorizado, mas também as elaborações do indivíduo ao longo de suas atividades.

Nessa abordagem, o erro faz parte do aprender, pois é visto como degrau necessário ao processo ativo de elaboração e sinaliza ao professor informações sobre a maneira de os alunos raciocinarem, norteando sua conduta em sala de aula a fim de possibilitar-lhes tomar consciência dos erros cometidos e planejar novos procedimentos de ação que levem à resposta esperada.

A teoria piagetiana influenciou sobremaneira a educação à medida que a organização de planejamento curricular se pautou em seus pressupostos, fato que muitas vezes gera confusões por parte dos professores, que compreendem erroneamente os pensamentos de Piaget como uma metodologia educacional. De acordo com Palacios (1995, p. 56),

A teoria de Piaget não é uma teoria do desenvolvimento psicológico, senão uma teoria da inteligência. É certo que devemos a Piaget a primeira descrição científica, coerente e completa, sob o ponto de vista lógico, do desenvolvimento intelectual.

Tal vertente influenciou vários autores, como Constance Kamii e seus estudos sobre a matemática; as questões sobre a ética de Yves de la Taille; e ainda a psicogênese da língua escrita, de Emilia Ferreiro e Ana Teberosky. Na educação especial, influenciou no sentido de conceber cada indivíduo como detentor de características próprias a serem respeitadas e com o desenvolvimento das estruturas cognitivas inacabadas, que devem ser estimuladas e modificadas mediante a interação constante com o objeto e o meio social, em especial o ambiente escolar.

1.4 O pensamento de Vygotsky sobre o desenvolvimento humano

Contrário às correntes psicológicas da época, o cientista bielorrusso Lev Semenovich Vygotsky (1896-1943) desenvolveu seus trabalhos sobre o desenvolvimento humano influenciado pelas ideias do materialismo histórico[*], defendendo a teoria de que os conhecimentos adquiridos pelo homem resultam da experiência dele nas relações entre semelhantes no contexto cultural. O ponto central é o processo de atividade mediada pelos instrumentos semióticos, com destaque para a função da linguagem. Para esse estudioso, a linguagem é uma das ferramentas que permitem ao ser humano interagir com o seu semelhante e transformar a si mesmo e o mundo em que vive.

Vygotsky considera o desenvolvimento da linguagem e suas relações com o pensamento a principal questão da psicologia humana. Para o referido intelectual, a linguagem exerce função reguladora do pensamento e constitui-se na forma particular de o sujeito perceber o mundo e a si mesmo. Assim, "o significado de uma palavra representa

---

[*] A filosofia marxista compreende o homem com base nas relações sócio-históricas, enfatizando que a atividade humana é determinada pelo modo de produção das classes sociais.

um amálgama tão estreito do pensamento e da linguagem, que fica difícil dizer se se trata de um fenômeno da fala ou de um fenômeno do pensamento" (Vygotsky, 1993a, p. 104).

Vygotsky (1993a) defende que pensamento e palavra são processos com raízes genéticas distintas que, ao longo de sua evolução, formam um todo indivisível, estabelecendo uma interdependência contínua e sistemática que se modifica e se desenvolve. O estudioso bielorusso destaca a função social da fala no pensamento da criança pequena, na fase da linguagem que denominou de *pré-intelectual*. Desde os primeiros meses de vida, ela é dententora de um pensamento pré-linguístico e de uma linguagem pré-intelectual, que, aproximadamente aos 2 anos, fundem-se, iniciando a organização do pensamento e da linguagem, viabilizando, assim, a comunicação. Portanto, para esse teórico, a criança inicia o desenvolvimento linguístico a partir das interações sociais e, gradativamente, transforma o conteúdo delas em um processo interior. Para tanto, a cultura atua diretamente, por meio das interações sociais a que o sujeito está exposto, colaborando significativamente como mediadora na organização dos processos mentais.

> PARA REFLETIR • • •
> Existe alguma atividade humana que não seja permeada pela linguagem? Que consequências acometeriam o desenvolvimento do pensamento humano privado desse importante instrumento semiótico? Registre suas ideias a respeito e discuta o assunto com os colegas.

Considerando as ideias de Vygotsky, o uso de instrumentos é valorizado como amplificadores das capacidades humanas, os quais propiciam a transformação da natureza pelo homem e de si mesmo, sobretudo os instrumentos simbólicos, que são ferramentas do pensamento, originando novas estruturas mentais. Tal transformação é propiciada pelo uso de signos culturalmente construídos, como a linguagem, a escrita e os números, tornando possível o desenvolvimento do ser humano no nível cultural e mental (Vygotsky, 1991a).

Em sua teoria, Vygotsky defende a interdependência entre desenvolvimento e aprendizagem desde os primeiros dias de vida da criança, ao afirmar: "O curso do desenvolvimento precede sempre o da aprendizagem. A aprendizagem segue sempre o desenvolvimento" (Vygotsky, 1991b, p. 2). O pensador desenvolve o conceito de *zona de desenvolvimento proximal* (ZDP), calcado no processo de complementação. Portanto, Vygotsky acredita na possibilidade de efetivação dos conhecimentos que estão sendo internalizados pelo sujeito – o que chamou de *zona de desenvolvimento potencial* – aos processos de maturação já estabelecidos ou compreendidos pela criança, denominado de *zona de desenvolvimento real*.

A zona de desenvolvimento proximal é a distância entre o nível de desenvolvimento real, que se costuma determinar através da solução independente de problemas, e o nível de desenvolvimento potencial, determinado mediante a resolução de problemas com o guia ou a colaboração de adultos ou companheiros mais capazes. (Vygotsky, 1991a, p. 97)

Para Vygotsky, o desenvolvimento da criança deve ser analisado não somente pelos aspectos já amadurecidos, mas também por aqueles que ainda estão em processo de transformação. Assim,

O que uma criança é capaz de fazer com o auxílio dos adultos chama-se zona do seu desenvolvimento potencial. Isto significa que com o auxílio deste método podemos medir não só o processo de desenvolvimento até

ao momento presente e os processos de maturação que já se produziram, mas também os processos que estão ocorrendo ainda, que só agora estão amadurecendo e desenvolvendo-se. (Vygotsky, 1991b, p. 12)

Sob essa ótica, a aprendizagem é condicionalmente um processo social marcado pela interindividualidade por intermédio da relação mediada, que converte em subjetivos os conhecimentos elaborados socialmente. Dessa forma, valoriza a mediação com elementos da cultura, possibilitando a internalização daquele conhecimento que está próximo de tornar-se uma aprendizagem intrapsíquica. Como afirma Vygotsky (1991a, p. 64): "Todas as funções no desenvolvimento da criança aparecem duas vezes: primeiro, no nível social, e depois no nível individual; entre pessoas (interpsicológico) e, depois, no interior da criança (intrapsicológico)".

O trabalho docente tem papel fundamental na condução da aprendizagem, pressupondo que o professor é o organizador do conhecimento sistematizado, o mediador que atua na zona de desenvolvimento potencial, impulsionando, mediante o ensino, o desenvolvimento da criança a patamares mais expressivos para que atinja o seu desenvolvimento autônomo num plano intraindividual. Nas palavras de Scoz (2002, p. 27),

Na concepção de zona de desenvolvimento proximal, o papel da aprendizagem também é revisto. Ela passa a ser um momento privilegiado no processo de desenvolvimento da criança, porque lhe dá a possibilidade de ativar um grupo de processos internos no âmbito das inter-relações com as outras pessoas, posteriormente absorvidos pelo próprio curso de seu desenvolvimento interior, convertendo-se, por fim, em aquisições internas.

1.4.1 Defectologia: contribuições para a educação especial

Vygotsky se interessou pela aprendizagem de crianças com deficiência. Segundo ele, o trabalho educacional deve concentrar-se nas habilidades dessas crianças e deter-se no "como" ocorre o processo de desenvolvimento, uma vez que o desenvolvimento de pessoas com deficiência não é menos favorecido, mas se dá de forma diferente em relação a como ocorre com crianças sem deficiência.

Nos estudos sobre a defectologia, Vygotsky (1993b) entende que pessoas com algum tipo de impedimento fisiológico estão sujeitas à carência de adequações educativas e sociais. O autor enfatiza a importância da educação no desenvolvimento das potencialidades desses sujeitos, acentuando a necessidade de mediar o desenvolvimento por meio de uma pedagogia compensatória adequada, que concentre esforços nas habilidades que formam a base para o desenvolvimento das capacidades dos sujeitos com necessidades educacionais especiais.

Segundo Vygotsky, geralmente atribuímos uma série de qualidades negativas à pessoa portadora de deficiência e falamos muito sobre as dificuldades de seus desempenhos, por pouco conhecermos das suas particularidades positivas. Desse modo, homogeneizamos características, falamos muito sobre as suas faltas e esquecemos de falar sobre as características positivas que as constituem como pessoas. (Monteiro, 1998, p. 74)

Nesse pensamento, o cientista sugere que os educadores conheçam o desenvolvimento do aluno em vez de priorizar a deficiência em si, compreendendo como o indivíduo organiza os sistemas de compensação, as trocas e as mediações em sua aprendizagem. Vygotsky entende que, da mesma forma que a deficiência limita, criando determinados obstáculos, ela também proporciona vias de adaptação e canais de compensação que impulsionam o desenvolvimento do sujeito. Em seus textos sobre a defectologia, o autor atribui um papel preponderante aos processos transformadores ocorridos pelas relações sociais associados aos aspectos dinâmicos vinculados à noção de plasticidade humana, permitindo ao sujeito que apresente deficiência, transtorno global do desenvolvimento (TGD) e altas habilidades/superdotação (AH/SD) prover recursos diferentes para desenvolver-se.

> PARA REFLETIR ● ● ●
>
> Que exemplos da sua prática estão relacionados com o sistema de compensação proposto por Vygotsky? Você já teve oportunidade de relacionar-se com alguma pessoa que apresenta necessidades educacionais especiais e de aprender o quanto ela se adapta e se auto-organiza na busca de alternativas para desenvolver-se? Não se esqueça de registrar as suas concepções, pois elas serão úteis para futuras produções!

Vygotsky critica o isolamento dos alunos nas propostas de ambientes segregados em que as práticas de exclusão se acentuam e ressalta a importância da inclusão, denunciando o caráter filantrópico e assistencialista da educação e impondo os mesmos propósitos da educação para todos. Para o citado pensador, "o aprendizado é uma das principais fontes da criança em idade escolar; e é também uma poderosa força que direciona o seu desenvolvimento, determinando o destino de todo o seu desenvolvimento mental" (Vygotsky, 1991a, p. 74).

O estudioso acredita que a intervenção pedagógica na vida das crianças com algum tipo de deficiência é fundamental e vê a escola como instituição social, um espaço privilegiado de desenvolvimento que possibilita saberes por meio das mediações significativas entre professor-aluno e das trocas mediadas entre os colegas mais experientes, gerando a participação ativa na apropriação dos conhecimentos, de modo a possibilitar a inserção do aluno no plano sociocultural e a ação transformadora nas relações de produção.

A educação dos alunos com necessidades educacionais pressuporia, assim, a passagem da pedagogia terapêutica, que se centra nos déficits dos alunos, para uma pedagogia criativamente positiva, cuja visão é prospectiva, isto é, uma pedagogia que visa ao desenvolvimento do aluno, que investe nas suas possibilidades. (Costa, 2006, p. 234)

Ao valorizar o contexto social, as inter-relações e o entendimento do homem como produto do meio, Vygotsky redimensionou a concepção de aprendizagem, discutindo o fracasso escolar e desmistificando a patologização do aprender, na medida em que questionou a psicometria, restringindo seu alcance como instrumento de medida e de avaliação do nível real de desenvolvimento sem considerar o nível de desenvolvimento potencial: "rejeitava as descrições simplesmente quantitativas, em termos de traços psicológicos refletidos nos testes psicológicos [...], preferia, então, confiar nas descrições qualitativas da organização de seus comportamentos" (Monteiro, 1998, p. 74).

Sua influência na educação especial impulsionou ainda a reflexão sobre a postura de algumas escolas voltadas para o treinamento exaustivo das crianças com deficiência, defendendo o resgate da função pedagógica da instituição escolar em detrimento do caráter terapêutico, centrado apenas no que falta ao sujeito. Como lembra Freitas (1998, p. 78):

Vygotsky sugere atividades que tenham sentido para a vida do aluno, relacionadas a jogos, ao trabalho, ao desejo, à vivência da linguagem viva, enfim, ao ato de aprender e de ensinar com significado e sentido [...] para o entendimento das suas relações com a vida.

Partindo desse pensamento, compreendemos a necessidade de a escola assumir atitudes pedagógicas que prestigiem o contexto sociocultural do aluno, levando em conta o seu conhecimento prévio integrado ao conhecimento sistematizado e evitando tratar os conteúdos acadêmicos como algo sem vida – um conjunto de regras a serem aprendidas (Ziliotto, 2001). Tal posicionamento concebe o ensino como um evento social, propondo momentos de aprendizagem contextualizados, possibilitando que o sujeito que apresenta necessidades educacionais especiais em função de sua deficiência consiga atribuir significado ao saber sistematizado, aplicando-o em seu cotidiano, numa condição que permita prepará-lo para a inserção do trabalho em sociedade e possibilite o seu desenvolvimento efetivo.

A educação que separa as palavras dos atos é um fracasso: a instrução pedagógica verbal, que a criança não põe em prática, não traz nenhuma mudança real a sua vida, a sua posição no coletivo. A educação fracassa se não toma em consideração as diversas interconexões da criança com o ambiente. (Kostiuk, 1991, p. 32)

As pesquisas de Vygotsky são consideradas adiantadas para a época em que ele viveu, mas evidenciam o grau de conhecimento que se aplica aos dias atuais, contribuindo para o debate da educação inclusiva e a aposta no desenvolvimento das habilidades das pessoas com deficiência e no atendimento de suas necessidades educacionais especiais.

1.5 Contribuições das teorias da modificabilidade cognitiva estrutural (MCE) e da experiência de aprendizagem mediada (EAM)

Outras teorias que ressaltam a importância das interações no desenvolvimento humano referem-se à modificabilidade cognitiva estrutural (MCE) e à experiência de aprendizagem mediada (EAM), ambas de Reuven Feuerstein (1921), baseadas no conceito de zona de desenvolvimento proximal da abordagem sociointeracionista de Vygotsky.

Para Feuerstein, o desenvolvimento humano é resultado das interações, em especial aquelas organizadas para promovê-lo, estabelecidas entre os indivíduos durante sua vida em ambientes sociais. Em seu modelo teórico, o estudioso israelense defende que

o desenvolvimento cognitivo é caracterizado pela aquisição de funções cognitivas por meio da aprendizagem, que ocorrem tanto pela exposição direta, quanto por situações de Experiência de Aprendizagem Mediada (EAM). (Feuerstein; Feuerstein, 1991, p. 17)

A premissa básica de sua teoria reside na ideia de que o desenvolvimento cognitivo de qualquer indivíduo é estruturalmente modificável. Assim, ele define a MCE como

uma mudança tanto em termos de respostas nas situações de intervenção, quanto no aumento do emprego de processos metacognitivos importantes na solução de situações-problema em todo e qualquer espaço de interação e aprendizagem. (Feuerstein; Feuerstein, 1991, p. 18)

Nessa perspectiva, a EAM caracteriza-se pelo processo de aprendizagem oriundo da interação do mediador (figura do professor, do adulto). Ele auxilia na interpretação do estímulo ambiental, pontuando para o mediado (criança) os aspectos importantes, atribuindo significado à informação recebida do ambiente (estímulos ou sinais, imagens, objetos, obstáculos, problemas, eventos etc.), selecionando, ampliando ou interpretando tais estímulos e utilizando estratégias interativas que produzam significação para além das necessidades imediatas da situação de aprendizagem, com o objetivo de proporcionar uma experiência ou vivência que capacite o aluno para novas aprendizagens (Cunha; Guidoreni, 2009).

A MCE reside justamente no apoio que o mediador promove no desenvolvimento cognitivo da criança, por meio de intervenções práticas que envolvem catorze instrumentos que objetivam enriquecer as funções cognitivas. Tais interações devem apresentar, pelo menos, três componentes principais de mediação: a intencionalidade, a significação e a transcendência.

A intencionalidade é um elemento fundamental no processo de aprendizagem mediada, em que o mediador influencia, chamando a atenção da criança para o fato (um objeto), e ela responde ao estímulo; cria-se nela um estado de alerta e que a mantém envolvida, desenvolvendo a capacidade de realizar um registro eficiente das informações, conduzindo-a a um processamento mental adequado e à resposta eficiente (Tzuriel, 1999, citado por Cunha e Guidoreni, 2009).

Na significação, o mediador enfatiza a importância de um estímulo, tornando-o significativo, por meio da expressão de afeto e da indicação do valor e significado dele. Assim, a criança aprende o significado dos estímulos em uma situação de aprendizagem mediada e internaliza esse processo, passando, mais tarde, espontaneamente, a buscar o significado de novas informações.

Já na transcendência, o papel do mediador é estabelecer pontes cognitivas entre a atividade e as experiências correlatas não atuais do outro, referindo-se ao passado ou antecipando o futuro. Isso generaliza a aprendizagem de regras, estratégias e princípios, conduzindo a criança para além de contextos concretos com o objetivo de que ela transfira a aprendizagem de princípios gerais e objetivos para situações e/ou contextos específicos.

Como contribuição para a educação, o enfoque da teoria da EAM de Feuerstein nos faz refletir sobre a importância e a função do professor como mediador da aprendizagem. Nele, o aluno é guiado, mediado, à necessidade de interações significativas no ambiente escolar que provoquem o desenvolvimento cognitivo e socioafetivo, contribuindo positivamente para a aquisição do desempenho, por meio de estratégias que promovam a competência social e cognitiva da criança que apresenta necessidades educacionais especiais devido a sua deficiência.

1.6 A VISÃO ECOLÓGICA DO DESENVOLVIMENTO HUMANO

Outro teórico contemporâneo, Urie Bronfenbrenner (1917-2005), defende uma visão ecológica do desenvolvimento humano, baseada em sistemas ambientais pelos quais o ser humano se desenvolve, ressaltando especialmente o papel da interação estabelecida entre esses sistemas e o homem. Para que o desenvolvimento humano seja compreendido, é necessária a observação direta do comportamento e imprescindível a análise de sistemas de interação de múltiplas pessoas e ambientes, da situação imediata em que o indivíduo está inserido. Para o estudioso russo, o desenvolvimento envolve estabilizações e mudanças das características de um ser humano, não apenas ao longo do ciclo de sua vida, mas também de gerações (Bronfenbrenner; Morris, 1998).

O desenvolvimento humano é definido pelo teórico como um

> *processo por meio do qual a pessoa desenvolvente adquire uma concepção mais ampliada, diferenciada e válida do meio ambiente ecológico, tornando-se mais motivada e mais capaz de se envolver em atividades que revelam suas propriedades, sustentam ou reestruturam aquele ambiente em níveis de complexidade semelhante ou maior de forma e conteúdo.* (Bronfenbrenner, 1996, p. 23)

Assim, o desenvolvimento constitui-se em uma mudança duradoura na maneira pela qual uma pessoa percebe e lida com o ambiente. A interação entre o ambiente e a criança é caracterizada pela reciprocidade – o que um indivíduo faz dentro do contexto de relação influencia o outro e vice-versa –, e, na concepção ecológica, o meio ambiente é definido como uma organização dinâmica de contextos inter-relacionados, que são chamados de *micro, meso, exo* e *macrossistemas*.

Bronfenbrenner (1996) esclarece que o microssistema é o ambiente no qual a pessoa em desenvolvimento estabelece relações face a face estáveis e significativas, num caráter central, incluindo todos os ambientes em que a criança tem uma experiência direta e imediata – como a família, o grupo de pares em sala de aula, a vizinhança etc. Apresenta características físicas e materiais específicas e a existência de um padrão de atividades e funções. Além da reciprocidade, é importante que nessa relação haja equilíbrio de poder, ou seja, quem tem o domínio da relação passa gradualmente esse poder para a pessoa em desenvolvimento, dentro de suas capacidades e necessidades, que, permeadas pelo afeto, perpetuam sentimentos, permitindo vivências efetivas dessas relações.

Num momento posterior, o indivíduo vivencia um mesossistema, definido como um conjunto de microssistemas. Trata-se das inter-relações entre os ambientes nos quais a criança participa ativamente, abrangendo o conhecimento e a participação (a família, a escola, a vizinhança), consolidando diferentes relações e exercitando papéis específicos dentro de cada contexto, o que fortalece o processo de socialização e promove o desenvolvimento. Esse mesossistema é ampliado sempre que a pessoa em desenvolvimento entra em um novo ambiente. Essa passagem, chamada por Bronfenbrenner de *transição ecológica*, é mais efetiva e saudável à medida que a criança se sente apoiada e tem a participação de suas relações significativas no processo.

No que se refere ao exossistema, Bronfenbrenner defende que a pessoa é influenciada pelos ambientes nos quais não se encontra presente, mas cujas relações afetam seu desenvolvimento. O nível de escolaridade materna e o nível socioeconômico da família (Bronfenbrenner, 1996), as decisões tomadas pela direção da escola, os programas propostos pelas associações de bairro, as relações dos pais no ambiente de trabalho são exemplos do funcionamento desse amplo sistema.

Por fim, o macrossistema abrange os sistemas de valores culturais e políticos de uma sociedade que permeiam a existência das diversas culturas e que são vivenciados e assimilados no decorrer do processo de desenvolvimento. Envolve o ambiente cultural em que os sistemas anteriores estão inseridos – crenças ou ideologia e a cultura são algumas das partes dessa estrutura (Bronfenbrenner, 1996).

Os pressupostos teóricos da teoria ecológica contribuem para a educação no que diz respeito à importância da contextualização e à definição de estratégias de intervenção nas quais o papel da família seja central. Nesse sentido, é necessária a oferta de programas que auxiliem o envolvimento dos pais no cotidiano escolar, ressaltando a relevância e necessidade de intervenções a serem implementadas nesse âmbito, contribuindo para o êxito dos programas propostos.

Síntese

Neste capítulo, abordamos as principais teorias sobre o desenvolvimento humano, envolvendo os estudos baseados na concepção de que o sujeito naturalmente já apresenta aptidões, habilidades, conceitos, conhecimentos e qualidades em sua bagagem hereditária. Posteriormente, destacamos outra vertente, que defende a ideia de que o homem aprende por meio de seus sentidos e, por isso, constitui-se um ser passivo, submetido às forças do meio, que provocam e modificam seu comportamento. Chegamos, assim, às teorias mais recentes, que destacam o papel ativo do sujeito na aprendizagem, a influência do meio sociocultural, o papel da mediação no desenvolvimento e no processo de aprendizagem, bem como a influência do contexto e a importância das intervenções. Além disso, discutimos os estudos da defectologia, que defendem a significativa função da educação destinada às pessoas com deficiência e as necessidades educacionais especiais delas, no sentido de desenvolvê-las por meio da pedagogia compensatória, possibilitando vias de adaptação para impulsionar o seu desenvolvimento escolar.

Indicações culturais

Filmes

A Guerra do fogo. Direção: Jean-Jacques Annaud. Canadá; França; Estados Unidos: 20th Century Fox, 1981. 100 min.

Esse filme apresenta exemplos de como as sociedades primitivas evoluíram à medida que criaram instrumentos para sua sobrevivência, destacando a importância do desenvolvimento da linguagem.

O Garoto selvagem. Direção: François Truffaut. França: Les Artistes Associés, 1970. 83 min.

Baseado no livro de Jean Itard, a história narra o drama de um garoto do final do século XVIII que supostamente nunca teve contato com a sociedade, é resgatado com cerca de 12 anos de idade e passa a ser objeto de estudo de um professor ávido pelo conhecimento da condição humana, evidenciando o papel da linguagem no desenvolvimento e os efeitos de ter sido afastado da sociedade por um longo período, o que afetou seu nível intelectual.

Atividades de autoavaliação

1) Assinale o enfoque teórico sobre o desenvolvimento humano que se relaciona com a seguinte afirmação:

"Os estudos sobre a defectologia entendem que pessoas com algum tipo de impedimento fisiológico estão sujeitas à carência de adequações educativas e sociais, compreendendo que o desenvolvimento de pessoas com deficiência não é menos favorecido, mas ocorre de forma diferente de crianças normais".

   a) Construtivista.
   b) Empirista.
   c) Inatista.
   d) Sócio-histórica.

2) Várias teorias procuraram compreender o desenvolvimento do ser humano, analisando-o de distintas maneiras, derivando enfoques diferenciados sobre o comportamento. Relacione os enfoques citados com suas principais premissas e assinale a alternativa correta:

   (A) Empirista ou ambientalista
   (B) Inatismo
   (C) Interacionismo
   ( ) O ser humano já nasce com a inteligência pré-moldada, com capacidades e aptidões presentes ao nascimento.

( ) O desenvolvimento da inteligência é determinado pelas ações mútuas entre o indivíduo e o meio.

( ) O desenvolvimento da inteligência humana é determinado pelo meio ambiente, e não pelo sujeito.

a) B, A, C.
b) C, B, A.
c) A, C, B.
d) B, C, A.

3) Marque a alternativa correta:

O desenvolvimento cognitivo pode ser definido como uma aquisição sucessiva de estruturas lógicas. Qual o teórico que defendeu esse conceito?

a) Bronfenbrenner.
b) Vygotsky.
c) Piaget.
d) Skinner.

4) Leia o comentário a seguir e identifique o enfoque teórico que o embasa:

"Uma interação na qual o mediador (pais, professores, profissionais, por exemplo) se situa entre o mediado (o outro) e o ambiente (estímulos ou sinais, imagens, objetos, obstáculos, problemas, eventos etc.), de forma a selecionar, mudar, ampliar ou interpretar os estímulos do ambiente, utilizando estratégias interativas que produzam significação para além das necessidades imediatas da situação de aprendizagem, com o objetivo de proporcionar uma experiência ou vivência que capacite o mediado para novas aprendizagens" (Cunha; Guidoreni, 2009).

a) Inatista.

b) Empirista.

c) Construtivista.

d) Modificabilidade cognitiva estrutural (MCE) e experiência de aprendizagem mediada (EAM).

5) Analise as proposições a seguir, assinalando V para as sentenças verdadeiras e F para falsas, considerando os diferentes enfoques teóricos acerca do desenvolvimento humano:

( ) Intencionalidade, significação e transcendência são critérios de mediação considerados indispensáveis, segundo a teoria behaviorista.

( ) O homem é moldado pelo meio mediante condicionamentos, ponto central no enfoque behaviorista.

( ) O ensino marcado pela transmissão, em que o aluno tem um papel cognitivo passivo, constituindo-se um mero receptáculo de informações, está atrelado ao enfoque piagetiano.

( ) Realçar o papel do aluno como construtor do conhecimento, movido pela curiosidade, descoberta e resolução de problemas, corresponde ao enfoque inatista.

Atividades de aprendizagem

1) Dentre as teorias de desenvolvimento apresentadas neste capítulo, eleja uma e elabore um texto discutindo a aplicabilidade de seus pressupostos teóricos no contexto profissional em que você está inserido.

2) Visite uma instituição escolar que promova o processo de inclusão escolar e observe uma cena escolar (aula ou atividade extraclasse) em que estejam presentes alunos com necessidades educacionais especiais, público-alvo da educação especial. Com base no que viu, escreva um texto analisando a concepção teórica que mais se aproxima da realidade observada e inclua em sua reflexão possíveis limitações e/ou barreiras encontradas, pontos positivos e negativos na aplicabilidade dessa vertente teórica ante o processo inclusivo.

O PROCESSO DIAGNÓSTICO NA EDUCAÇÃO ESPECIAL E A PREVENÇÃO DAS CAUSAS DE DEFICIÊNCIAS: ASPECTOS GERAIS

Neste capítulo, discutiremos questões referentes à finalidade do diagnóstico na educação especial, destacando a importância desse instrumento para identificar precocemente as necessidades educacionais especiais do aluno e auxiliar na tomada de decisões acerca de possíveis encaminhamentos. Abordaremos também a importância da prevenção na redução das causas das deficiências.

2.1 A polêmica do processo diagnóstico e suas implicações

Os avanços dos estudos científicos no século XX, em especial em meados das décadas de 1960 e 1980, criaram um crescente interesse na área da educação especial, enfocando o caráter clínico e a reabilitação e ressaltando a patologia e os padrões classificatórios. Acentuaram-se o desenvolvimento de equipamentos biomédicos e a realização de cirurgias, na busca incessante de corrigir o defeito e aproximar da padronização imposta pela sociedade os indivíduos com deficiência.

Pesquisas nas áreas da medicina, psicologia e filosofia repercutiram na educação, com o objetivo de compreender o homem em sua complexidade biológica, psicológica, espiritual e social, extinguindo a antiga ideia de déficit do sujeito que apresentava comportamento diferente dos padrões estabelecidos pela sociedade como normais.

Na década de 1960, iniciaram-se algumas mudanças na concepção da deficiência e da educação especial que deixaram de considerar apenas os aspectos do aprender como fenômeno isolado do aluno, envolvendo também fatores socioculturais e a busca de sistemas educacionais adequados, na medida em que se centravam nos processos de aprendizagem e nas necessidades educacionais de cada área de deficiência.

Por influência da psicologia, surgiram os testes padronizados de quociente de inteligência (QI), que mensuravam "um tipo de inteligência, não toda a inteligência" (Beyer, 1997, p. 68). No entanto, são feitas contundentes críticas à aplicação dessas testagens psicométricas pelo fato de analisarem o sujeito de forma fragmentada, considerando o QI como único parâmetro de inteligência. "O QI não é uma medida da inteligência, mas sim uma avaliação comparativa.

Esse teste indica se a criança está adiantada ou atrasada em relação à criança média. Serve para avaliar, em um dado momento, as aquisições e as condutas adaptativas de uma criança" (Cordié, 1996, p. 110). Para outros pesquisadores, a avaliação realizada em que predomina a testagem psicométrica é um processo injusto. Sobre esses testes, Collares e Moysés (1997, p. 15) mencionam:

> *Entende-se, assim, que a ênfase seja dada ao que a criança não tem, ao que ela não sabe, àquilo que lhe falta. É um olhar voltado para a carência, para a falha da criança. É quase como se a criança, que está sendo avaliada, precisasse se encaixar nas formas de avaliação que o avaliador, supostamente inteligente, conhece. Daí, os laudos de falta de coordenação motora para quem faz pipa; de falta de raciocínio matemático para feirantes; de falta de ritmo para os que cantam e fazem batucadas... A prova é rígida e previamente estabelecida: se a criança ainda não sabe, não entende a proposta ou não conhece as regras do jogo, é reprovada. A avaliação pode ser vista como uma perseguição ao defeito da criança; sim, pois com certeza o defeito só pode estar localizado nela, já que vivemos em um mundo em que todos pretensamente têm as mesmas oportunidades etc. etc. Em nossa experiência, os testes só têm servido para classificar e rotular crianças absolutamente normais.*

Críticas se fortalecem ainda mais quando aliadas à possibilidade de o processo avaliativo ser conduzido inadequadamente. Wood (1996, p. 92) chama a atenção ao refletir sobre a necessidade de se considerar o entendimento por parte da criança em relação a "palavras e expressões usadas nas experiências que se propõem a testar sua compreensão", tendo cautela em evitar que ela fique desorientada pela forma como ocorre a interação entre pesquisador e sujeito, correndo o risco de prejudicar erroneamente a análise dos resultados.

PARA REFLETIR

Como você analisa questões não só relacionadas à compreensão da criança, mas também a fatores como a subjetividade do avaliador, sua perspicácia, a forma de articular seu saber teórico *versus* prático, a interação entre o avaliador e o avaliado e a formação de vínculo entre os envolvidos? Comente e registre até que ponto isso pode interferir qualitativamente no resultado avaliativo.

Agregadas a esses fatores,

> *críticas também se estendem sobre a questão do rótulo ao indivíduo, a categorização, implicando em [sic] consequências negativas, para não dizer devastadoras, sobre os sujeitos com alguma diferença, muitas vezes acentuando a estigmatização e o preconceito social, afetando, ainda, a pessoa em sua autoestima, enfraquecendo-a na busca de suas potencialidades.* (Ziliotto, 2004, p. 35)

Do ponto de vista da aprendizagem, a rotulação pode se constituir em obstáculo ao processo de aprendizagem, gerando no aluno com necessidades educacionais especiais em função de sua deficiência, transtorno global do desenvolvimento (TGD) e altas habilidades/superdotação (AH/SD) o autoconceito acadêmico negativo, vigorando sentimentos de desvalorização e incapacidade diante das atividades em sala de aula e interferindo em seu rendimento escolar à medida que se cristalizam imagens de rejeição e fracasso. Muitas vezes, a maneira pela qual o diagnóstico é visto tem efeito sutil, mas significativo, sobre a qualidade de expectativas em relação à pessoa com alguma dificuldade detectada, podendo determinar seu sucesso ou fracasso nas diferentes possibilidades de avanços nos âmbitos familiar, escolar, profissional e social, o que implica acreditar em potencialidades ou simplesmente abandonar estratégias que promovam o desenvolvimento do sujeito.

Não ficando só restrita à questão diagnóstica, mas estendendo-se à discussão para a intervenção pedagógica no interior da sala de aula, com o processo de ensino-aprendizagem, a expectativa do docente sobre o aluno pode acarretar consequências negativas, dependendo da forma como esse profissional projeta expectativas sobre a criança. De acordo com Cubero e Moreno (1995, p. 255),

> *A conduta do professor em relação ao aluno será determinante para o autoconceito da criança, pois os sentimentos que um aluno tem sobre si mesmo dependem, em grande parte, dos componentes que percebe que o professor mantém em relação a ela. Uma atitude continuada e consistente de alta expectativa sobre o êxito de um aluno potencializa sua confiança em si mesmo, reduz a ansiedade diante do fracasso e facilita resultados acadêmicos positivos.*

> PARA REFLETIR
> Refletindo sobre o pensamento exposto, você concorda com a afirmação? Até que ponto a expectativa do profissional interfere no processo de desenvolvimento do aluno? Cite exemplos de sua prática.

Estudos recentes apontam a necessidade de se compreender a pessoa numa perspectiva humanista, envolvendo a discussão de inteligências múltiplas, tais como linguística, musical, lógico-matemática, espacial, interpessoal, intrapessoal, naturalista e corporal-cinestésica, citadas por Gardner (1994). Para ele, a teoria das inteligências múltiplas amplia a visão do potencial humano para resolver problemas. Em suas palavras:

> *É da máxima importância reconhecer e estimular as variadas inteligências humanas e todas as combinações de inteligências. Nós somos todos*

tão diferentes, em grande parte, porque possuímos diferentes combinações de inteligências. Se reconhecermos isso, penso que temos pelo menos uma chance melhor de lidar adequadamente com os muitos problemas que enfrentamos neste mundo. (Gardner, 1987, citado por Armstrong, 2001, p. 13)

De forma sucinta, as oito inteligências propostas por Gardner podem ser assim descritas:

1. **Lógico-matemática** – Grande habilidade para o raciocínio dedutivo e capacidade de solucionar problemas que envolvam conceitos matemáticos e científicos.
2. **Musical** – Sensibilidade a entonações, melodias, ritmos, timbres e tons; normalmente, não se precisa de aprendizado formal para desenvolver essa inteligência.
3. **Intrapessoal** – Administração de sentimentos, boa capacidade de autoconhecimento e de agir adaptativamente.
4. **Interpessoal** – Facilidade em perceber nos outros diferenças de ânimo, sentimentos e motivações.
5. **Corporal-cinestésica** – Capacidade de usar o corpo para se expressar e atingir metas; facilidade no uso das mãos para produzir ou transformar coisas.
6. **Espacial** – Boa memória visual e facilidade de reconhecer lugares, visualizar e representar graficamente ideias espaciais.
7. **Linguística** – Capacidade de usar as palavras de forma efetiva, tanto oralmente como na forma escrita.
8. **Naturalista** – Capacidade de reconhecer e classificar espécies da flora e fauna no meio ambiente; sensibilidade aos fenômenos naturais.

Outro autor que propõe uma reflexão aos educadores no sentido de analisarem as potencialidades dos seus alunos é Armstrong (2001).

Ele defende a necessidade de afastar o paradigma orientado para o déficit em educação especial, criando a perspectiva baseada nos talentos das crianças ditas "incapazes", vendo-as como pessoas integrais, que possuem forças em muitas áreas da inteligência, num paradigma de crescimento, o que instiga o sujeito a desenvolver suas capacidades excepcionais à medida que aprende a lidar com sua diferença, a qual "atinge apenas parte da vida do indivíduo" (Armstrong, 2001, p. 144).

Embora a finalidade do diagnóstico na educação especial – que muitas vezes pode ser confundido com um processo classificatório e excludente – mereça discussão, é importante identificar precocemente as necessidades do sujeito, visando diminuir o agravamento em seu desenvolvimento. "O diagnóstico de necessidades especiais, ao contrário do rótulo, não possui caráter estático e irremovível; ele se converte em ponto de partida para a melhoria das possibilidades do indivíduo" (Ross, 1998, p. 62).

Em relação aos processos educativos, a avaliação diagnóstica constitui um instrumento que auxilia na tomada de decisões acerca de possíveis encaminhamentos educacionais ou profissionais ao sujeito com necessidades educacionais especiais.

A detecção e avaliação das necessidades educacionais especiais constitui uma etapa primordial. O objetivo não é conseguir encontrar os traços que permitam situar determinados alunos dentro de uma das categorias que distribuem as deficiências. Ele é muito mais abrangente, com mais nuances e mais ligado às possibilidades educacionais. Trata-se, sem dúvida, de conhecer os perfis evolutivos da criança, suas limitações e atrasos, determinando se existe uma etiologia orgânica ou ambiental. No entanto, a finalidade primordial é analisar suas potencialidades de desenvolvimento e de aprendizagem, avaliando ao mesmo tempo quais são os recursos educacionais que necessita e em que tipo de escola os mesmos podem ser encontrados para conseguir que sua evolução seja satisfatória. (Marchesi; Martín, 1995, p. 12-13)

É por meio da avaliação diagnóstica que se identificam as necessidades educacionais especiais, orientando a família nesse sentido, e que se pode especificar precocemente o tipo de intervenção educacional, diminuir fatores de risco nos processos de aceleração da dificuldade, encorajar o desenvolvimento de processos pedagógicos e minimizar os efeitos cumulativos do problema de desenvolvimento da criança. "Não haverá progresso na educação especial sem diagnóstico e sem identificação precoce; caso contrário, 'escapam' sinais e problemas de complexa resolução mais tarde" (Fonseca, 1997, p. 21).

Atualmente, a avaliação diagnóstica tem a finalidade de identificar barreiras que estejam impedindo ou dificultando o processo educativo em suas múltiplas dimensões, reconhecendo potencialidades e necessidades educacionais especiais dos alunos e as condições da escola para responder a essas dificuldades (Brasil, 2001). Ela deve considerar o desenvolvimento das relações de ensino e aprendizagem e todas as variáveis que estão presentes nelas. Para tanto, é preciso considerar o seguinte:

A avaliação deverá levar em consideração todas as variáveis: as que incidem na aprendizagem, as de cunho individual, as que incidem no ensino, como as condições da escola e da prática docente – as que inspiram diretrizes gerais da educação, bem como as relações que se estabelecem entre todas elas. (Brasil, 2001, p. 15)

O processo de avaliação diagnóstica deve ser realizado por uma equipe interdisciplinar e "tem como finalidade uma tomada de posição que direcione as providências para a remoção das barreiras identificadas, sejam as que dizem respeito à aprendizagem e/ou à participação dos educandos, sejam as que dizem respeito a outras variáveis extrínsecas a eles e que possam estar interferindo em seu desenvolvimento global" (Brasil, 2006, p. 19). Para tanto, esse processo abrange diversas etapas, objetivando confrontar dados e analisá-los sistemicamente, compreendendo o próprio aluno (nível de desenvolvimento e condições pessoais); a família – características do ambiente familiar e do convívio familiar (Mendes; Veltrone, 2011); o contexto escolar em parceria com o profissional que acompanha a criança, extraindo informações sobre o processo de aprendizagem desta, além dos fatores e das particularidades que permeiam sua modalidade de aprendizagem; bem como entendendo a ação docente, uma vez que a aprendizagem é um processo bilateral que envolve os processos do ensinar e do aprender, não mais centrada apenas na criança.

No caso das necessidades educacionais especiais, os rumos da avaliação devem estar a serviço da implementação dos apoios necessários ao progresso e ao sucesso de todos os alunos, bem como para a melhoria das respostas educativas oferecidas no contexto educacional, escolar e, se possível, familiar. (Brasil, 2006, p. 8)

Mais do que detectar as necessidades educacionais especiais, a função da avaliação diagnóstica é compreender o sujeito em sua totalidade, prevalecendo os aspectos qualitativos sobre os quantitativos nas diferentes áreas de seu desenvolvimento.

Ao invés de buscar o defeito, a carência da criança, o olhar procura o que ela já sabe, o que tem, o que pode aprender a partir daí. O profissional tenta, mais que tudo, encontrar o prisma pelo qual a criança olha o mundo, para ajustar seu próprio olhar. Sabendo que existem limites para seu olhar, que está sujeito a erros, pois não está lidando com verdades absolutas.

Esta proposta de avaliação tem um requisito essencial: profissionais mais competentes, com conhecimentos mais sólidos e profundos sobre o desenvolvimento da criança, sobre o conceito de normalidade, profissionais que não se satisfaçam com visões parciais, estanques, que não tenham medo de suas próprias angústias. Profissionais que considerem que todos os homens são de fato iguais, tornados desiguais por uma sociedade dividida em classes, profissionais que compartilhem o respeito por cada homem, por seus valores, por sua vida. Sem dúvida, é mais difícil de ser aplicada do que um teste padronizado; porém, também sem dúvida, restitui ao profissional sua condição de sujeito, capaz de enxergar a criança como outro sujeito. (Collares; Moysés, 1997, p. 18)

Com a identificação das necessidades educacionais especiais do aluno, objetiva-se encontrar alternativas que auxiliem a equipe técnica da escola a discutir mudanças significativas no processo educacional, realizando adaptações e flexibilizações pedagógicas e medidas de intervenção, incluindo ainda a participação da família em uma análise contextualizada, possibilitando o processo de aprendizagem por parte do aluno.

2.2 Importância da prevenção

O objetivo da prevenção está voltado à criação de um conjunto de medidas de conhecimentos profissional, teórico e prático a serem utilizadas para planejar e orientar atividades dirigidas à redução das causas das deficiências, por meio da adoção de ações como exames pré-nupciais obrigatórios, acompanhamento pré-natal efetivo, melhores condições de assistência perinatal e pós-natal e programas de imunização, entre outros, que muitas vezes deixam de ser realizados pelas organizações governamentais.

A falta de informação, o saneamento básico precário, o péssimo acesso ao atendimento público de saúde, além da pouca qualidade nesses serviços, implicam devastadoras consequências na população. De acordo com Miranda (1997, p. 13),

O que vale dizer é que as condições de miserabilidade da população associadas ao baixo índice de informação dos pais com baixa escolaridade, e associados esses fatores a um serviço público de saúde que não oferece padrões adequados de atendimento, são fatores geradores de deficiência em nossa população infantil.

Diante das deficiências, muitas medidas preventivas envolvem ações nos níveis político e social, e não somente na área da saúde. Pesquisas apontam para a real necessidade de revisão das condições socioeconômicas e culturais das famílias, bem como das políticas sociais no âmbito da saúde e da educação, na tentativa de minimizar, mediante um extenso trabalho de prevenção à população, situações que possam ser causadoras de algum tipo de deficiência ou, em parte, atenuar os efeitos quando ela é detectada (Ganthous; Rossi; Giacheti, 2013).

O último censo demográfico do Instituto Brasileiro de Geografia e Estatística (IBGE, 2014), realizado em 2010, identifica 45,6 milhões de pessoas no Brasil que apresentam algum tipo de deficiência, representando, à época da pesquisa, 23,9% da população brasileira. Essas informações ressaltam a necessidade de as organizações governamentais e não governamentais se fortalecerem por meio de parcerias, intervindo com maior assertividade na política de ações preventivas* voltadas à sociedade. Para as pesquisadoras Formiga

---

* É importante ressaltar que cerca de 70% dos casos de deficiência são evitáveis ou atenuáveis com a adoção de medidas apropriadas e oportunas (Brasil, 1992a).

e Pedrazzani (2004), vários fatores de risco pré-natal, perinatal e pós-natal – como a prematuridade do recém-nascido, o baixo peso ao nascer, os sinais de anóxia perinatal –, associados à baixa escolaridade materna, podem comprometer a qualidade de vida e o desenvolvimento da criança. As autoras enfatizam a necessidade de melhoria na adoção de medidas preventivas e programas de intervenção precoce como formas de minimizar possíveis sequelas no desenvolvimento desses bebês.

Podem ser previstos diversos níveis de ação preventiva (Brasil, 2008b; Enumo; Trindade, 2002), como as que apresentamos na sequência:

» **Prevenção primária** – Ações de caráter educativo que tentam evitar algum tipo de problema, reduzindo a ocorrência à medida que se age nas melhorias das condições biopsicossociais dos indivíduos; prevê campanhas de vacinação (contra a poliomielite, o sarampo e a rubéola), exames pré-nupciais, acompanhamento genético (para detecção de doenças genéticas, como o exame de cariótipo, erros inatos do metabolismo – fenilcetonúria, hemoglobinopatias, hipertireoidismo congênito), palestras direcionadas às gestantes, controle da gestante de alto risco e divulgação das possíveis causas das deficiências.

» **Prevenção secundária** – Ações enérgicas e imediatas que atenuam as consequências, reduzindo a duração e/ou a gravidade da questão. Organiza-se em serviços de caráter preventivo, terapêutico e educacional, como o diagnóstico, a detecção precoce de deficiências e a elaboração de programa de estimulação precoce.

» **Prevenção terciária** – Ações que limitam as consequências do problema já instalado, oriundo de alterações anatômicas, fisiológicas ou psicológicas, que irão interferir no desenvolvimento humano. Há a necessidade de organização de serviços de atendimentos na educação especial para reduzir as sequelas ou os efeitos associados com a deficiência e o estabelecimento de ações para maximizar o potencial de independência, auxiliar a família a elaborar situações de conflito e, ainda, fornecer de órteses, próteses, equipamentos auxiliares, bolsas de ostomia e demais itens de tecnologia assistiva necessária.

É importante lembrar que a família é um agente de prevenção que, se bem orientada, é capaz de tomar providências para evitar determinadas situações que possam acometer os filhos. Soma-se a isso o fato de que ela pode identificar precocemente indícios ou sinais apresentados pela criança que denunciem alguma alteração em seu desenvolvimento.

Segundo Fonseca (1997), ao conhecer maneiras de prevenir as causas geradoras de deficiência, a sociedade pode passar a evitá-las. O autor assinala que as principais etiologias encontram-se ligadas aos fatores pré-natais, perinatais, neonatais e pós-natais, que apresentamos na sequência.

2.2.1 FATORES PRÉ-NATAIS

Abrangem desordens genéticas ou hereditárias, como a consanguinidade*, as cromossômicas e as não hereditárias; alterações endócrinas,

---

* O casamento entre pessoas da mesma família eleva consideravelmente o risco de os genes recessivos se encontrarem e se manifestarem clinicamente em síndromes genéticas.

bacterianas (sífilis), carências vitamínicas, deficiência da nutrição materna, hemorragias graves, diabetes, fator Rh, exposição à radiação, toxemia gravídica, tentativas de aborto, drogas, tabagismo, alcoolismo materno e uso indevido de medicamentos; viróticas (febre tifoide, toxoplasmose, rubéola, citomegalovirus, herpes); e malformações.

Kirk e Gallagher (1991) afirmam que a translocação de pares de cromossomos pode causar a síndrome de Down, e os erros congênitos do metabolismo, como a fenilcetonúria, podem resultar em deficiências graves no organismo. Conforme relatam Enumo e Trindade (2002) e Olivier (1998), o quadro de sífilis congênita é caracterizado por manifestações ósseas, miocardite, pneumonia, meningite, lesões do sistema nervoso central com retardo do desenvolvimento neurológico, paralisias, lesões oculares, surdez e hepatite, entre outras.

A incompatibilidade do fator Rh caracteriza-se pela destruição das hemácias fetais, resultando em anemia grave, produção de altas taxas de bilirrubina (substância resultante do metabolismo da hemoglobina, altamente tóxica para o sistema nervoso do feto e do recém-nascido), insuficiência cardíaca e morte.

O tabagismo pode causar o abortamento espontâneo, óbito fetal, sangramento gestacional, placenta prévia e descolamento da placenta; ruptura prematura e prolongada das membranas fetais; parto prematuro; retardo no crescimento intrauterino do feto; óbito neonatal; além de diminuir a produção de leite materno e desencadear deficiências.

A síndrome da toxoplasmose congênita é caracterizada por manifestações cerebrais (encefalite, calcificações cerebrais, hidrocefalia, retardo neuromotor), oculares (microftalmia, estrabismo, destruição da retina) e sistêmicas (pneumonia, miocardite, hepatite, anemia, icterícia), entre outras. A taxa de mortalidade gira em torno de

40% a 50% dos bebês infectados. Como agravante, pode desencadear deficiências, como a visual e a auditiva.

A síndrome da rubéola congênita consiste no retardo do crescimento intrauterino, retardo neurológico, defeitos cardíacos, anomalias na visão que podem levar à cegueira, surdez leve, moderada ou profunda e anormalidades hematológicas, ósseas e hepáticas. O índice de mortalidade durante o primeiro ano de vida gira em torno de 35%.

A privação do ácido fólico está relacionada ao grande número de reações bioquímicas do metabolismo. A sua deficiência provoca a diminuição da produção de glóbulos vermelhos e pode aumentar a incidência de defeitos do tubo neural, como a anencefalia (ausência parcial ou total do cérebro) e a mielomeningocele (exteriorização da medula espinhal através de abertura na coluna vertebral) (Barón et al., 2002). A Anvisa (Agência Nacional de Vigilância Sanitária) publicou a Resolução n. 344, de 13 de dezembro de 2002 (Brasil, 2002b), que obriga a suplementação do ácido fólico nas farinhas de trigo e milho, uma vez que ele reduz em 30% o risco do defeito do tubo neural.

Outros exames pré-natais, como o vilo corial, a amniocentese, a cordocentese, a ecocardiografia fetal e o *doppler*, permitem diagnosticar se o bebê é portador de síndrome de Down, além de outras anomalias cromossômicas, doenças infecciosas, problemas cardíacos ou alterações da circulação sanguínea.

O transtorno do espectro alcoólico fetal (Teaf), proveniente do uso de álcool durante a gestação, afeta o crescimento do bebê ainda intraútero, causa defeitos cardíacos, dismorfismo facial e gera desenvolvimento tardio com problemas nas áreas do raciocínio, fala, movimento ou habilidades sociais, ocasionando ainda a disfunção no sistema nervoso central (deficiência intelectual e/ou déficit de atenção). Ganthous, Rossi e Giacheti (2013) informam que pesquisas realizadas em indivíduos com Teaf revelaram comprometimento da função executiva, como prejuízo na capacidade de abstração, na memória de trabalho, na codificação e recuperação da informação armazenada, no planejamento e na flexibilidade cognitiva com déficits na habilidade comunicativa.

2.2.2 Fatores perinatais

Relacionam-se ao trabalho de parto e de proteção fetal, encontrando múltiplos fatores, como infecção hospitalar e anóxia neonatal (falta de oxigênio). Conforme Kirk e Gallagher (1991), a falta prolongada de oxigênio pode afetar as células cerebrais, causando paralisia cerebral, deficiência intelectual, dificuldades de visão e audição.

Outros fatores perinatais, como sofrimento fetal, podem ter como causador o parto prolongado, traumas do parto (que incluem possíveis quedas), dificuldade respiratória do bebê, parto pós-termo (quando a idade gestacional ultrapassa as 40 semanas de gestação) e ainda complicações que possam ocorrer no parto a fórceps. Enumo e Trindade (2002) exemplificam que o cuidado com o uso de drogas analgésicas e anestésicas durante os partos cesarianos e a fórceps pode auxiliar na prevenção de hipóxia fetal e paralisia cerebral.

Como fatores de risco que devem ser verificados, incluem-se, ainda, a prematuridade, considerando a ocorrência do parto antes das 36 semanas de gestação, o parto não assistido (sem a presença de profissionais, como obstetra e neonatologista na sala de parto e/ou em local inapropriado), o parto gemelar e o baixo peso do recém-nascido (quando o bebê apresenta peso inferior a 2,5 kg).

Soma-se a isso o baixo índice de Apgar, avaliação das condições do recém-nascido que consiste em analisar cinco sinais vitais no primeiro, no quinto e no décimo minuto após o nascimento, atribuindo-se a cada um deles uma pontuação de 0 a 2. Os sinais avaliados envolvem frequência cardíaca, respiração, tônus muscular, irritabilidade reflexa e cor da pele.

Outros fatores perinatais contemplam a icterícia neonatal, em que o recém-nascido apresenta alto nível de bilirrubina no sangue, que, se não tratado, pode causar danos neurológicos.

2.2.3 FATORES NEONATAIS

Referem-se aos aspectos que ocorrem logo depois do nascimento, causando eventuais alterações no desenvolvimento da criança. O tétano umbilical ocorre quando há contaminação do coto umbilical pelo bacilo do tétano; pode atingir recém-nascidos até o 27º dia de vida, comprometendo progressivamente o sistema nervoso central, bem como culminar com paralisia respiratória e morte.

A incompatibilidade do fator Rh do sangue da mãe e do feto pode gerar a destruição dos glóbulos vermelhos do feto e provocar anemia, além de aumentar os índices de bilirrubina no sangue, afetando o cérebro do bebê. Também chamada de *doença hemolítica*, os principais sintomas vão desde anemia e icterícia leves à deficiência mental, surdez, paralisia cerebral, edema generalizado, fígado e baço aumentados, anemia grave e morte durante a gestação ou após o parto.

Atualmente, a triagem neonatal – incorporada ao Sistema Único de Saúde (SUS) em 15 de janeiro de 1992 pela Portaria GM/MS n. 22 (Brasil, 1992b) – tem sido realizada nas maternidades e envolve vários testes, como o do pezinho, por meio do qual é possível detectar a existência de hipotireoidismo congênito e a fenilcetonúria, entre outras doenças metabólicas que, se não tratadas precocemente, podem provocar deficiência intelectual. Também devem ser realizados o teste da orelhinha – a Lei n. 12.303 de 2 de agosto de 2010 (Brasil, 2010a), tornou esse teste obrigatório para o diagnóstico precoce de perda auditiva – e o do olhinho (para a detecção precoce de doenças na visão, como catarata congênita, glaucoma congênito, malformações oculares, tumores, traumas oftálmicos decorrentes do parto e hemorragias).

2.2.4 Fatores pós-natais

Relacionam-se às condições de segurança, estímulo e aprendizagem dependentes do meio. Incluem-se aqui doenças como meningite, sífilis adquirida, sarampo, caxumba e encefalite. Kirk e Gallagher (1991) mencionam que algumas doenças infecciosas podem trazer grande variedade de complicações, como falta de atenção, hiperatividade, deficiência intelectual e problemas de comportamento.

Há, ainda, as sequelas devido a traumatismos cranianos (provenientes de quedas, acidentes automobilísticos), que podem ocasionar o traumatismo cranioencefálico (TCE), causando alteração do nível de consciência (sonolência, letargia, confusão mental ou coma) ou sinais de déficit neurológico por lesão cerebral. Segundo Löhr Junior (2002), nesse caso, os pacientes podem apresentar alto risco para sequelas neurológicas, como transtornos cognitivo-comportamentais e, nos casos severos e muito severos, incapacidade motora ou física. Para o estudioso citado, as quedas são as causas mais frequentes de lesão cerebral em crianças abaixo de três anos.

Há casos de deficiência auditiva que podem ocorrer pelo uso de remédios ototóxicos, quando da ingestão de drogas farmacológicas que podem causar lesões no ouvido, como alguns tipos de antibióticos, anti-inflamatórios e diuréticos. Outro fator associado à surdez é a otosclerose, caracterizada pela surdez progressiva de caráter hereditário, em que há imobilização do ossículo do ouvido médio. Soma-se a esses casos a perda auditiva relacionada às otites – quando há quadro de repetição de infecção no ouvido médio, a qual pode lesar essa parte do ouvido, diminuindo sua capacidade de conduzir o som até o ouvido interno – e, ainda, a exposição frequente a barulhos muito altos.

A ingestão de alimentos contaminados, a intoxicação (por medicamentos, produtos de limpeza), acidentes com soda cáustica, instrumentos cortantes e armas de fogo são as causas mais frequentes das deficiências nessa fase da vida da criança. Além disso, desnutrição, problemas metabólicos e maus-tratos na primeira infância (síndrome da criança espancada) também podem provocar deficiência (Alencar Júnior, 2001).

Cabe aos segmentos de toda a sociedade a criação de planos de ação que envolvam as famílias a fim de que sejam mobilizadas para tomar atitudes preventivas, amenizando ou evitando consequências maiores à criança, além de se conscientizarem sobre a participação no processo de formação dos filhos quando acometidos por alguma doença ou situação de risco que requeiram maior atenção.

É relevante a necessidade de que crianças com deficiência, transtorno global do desenvolvimento e altas habilidades/superdotação possam frequentar desde os primeiros anos de vida programas de estimulação precoce, fundamentados em serviços centrados na família, focalizando competências e capacidade de recuperação da criança e da família, envolvendo a participação dos pais nos programas de intervenção precoce (Aiello; Silva, 2012).

SÍNTESE

Neste capítulo, discutimos a contundente questão do diagnóstico, observando que os profissionais envolvidos no processo de avaliação diagnóstica devem ter o cuidado de não rotular as crianças, mas sim vislumbrar possibilidades de desenvolvimento, compreendendo o sujeito em sua totalidade. Além disso, devem alertar os envolvidos no sentido de valorizarem os aspectos qualitativos em detrimento dos quantitativos nas diferentes áreas do desenvolvimento, bem como auxiliar na remoção das barreiras e identificar as reais demandas educacionais especiais apresentadas.

Abordamos ainda a necessidade de efetivação de políticas públicas preventivas à saúde da gestante e do recém-nascido. Para isso, apresentamos alguns dos possíveis fatores de risco pré-natais, perinatais, neonatais e pós-natais que causam sequelas no desenvolvimento, com o alerta de que é preciso melhoria na adoção de medidas preventivas e ampliação de programas de intervenção precoce.

Indicações culturais

Filmes

Meu Nome é Radio. Direção: Michael Tollin. EUA: Columbia Pictures, 2003. 109 min.

Filme inspirado em fatos reais sobre um jovem com deficiência intelectual, conhecido pelo nome de Radio, que é fascinado por futebol americano, mas passa despercebido entre as demais pessoas, até que o treinador da equipe de futebol percebe seus talentos e passa a ajudá-lo e integrá-lo na equipe, na escola e na vida.

Um Sonho possível. Direção: John Lee Hancock. EUA: Warner Bros, 2009. 129 min.

O filme conta a história real de um jovem negro, sem casa, vindo de um lar destruído, acolhido por uma família branca de classe alta, que acredita em seu potencial. O filme reflete sobre o oferecimento de oportunidades e de aposta nos talentos.

UMA LIÇÃO de amor. Direção: Jessie Nelson. Los Angeles: Playarte Pictures, 2001. 133 min.

Esse filme aborda a história de um pai com atraso cognitivo que cria a filha com a ajuda dos amigos. Discute o preconceito da sociedade e ilustra a capacidade de cuidar que uma pessoa com atraso cognitivo pode ter, mostrando que não há limites quando existe amor.

LIVROS

ARMSTRONG, T. **Inteligências múltiplas na sala de aula**. 2. ed. Porto Alegre: Artmed, 2001.

GARDNER, H.; FELDMAN, D. H.; KRECHEVSKI, M. **Projeto Spectrum**: a teoria das inteligências múltiplas na educação infantil. São Paulo: Artmed, 2001.

ATIVIDADES DE AUTOAVALIAÇÃO

1) Analise as proposições, assinalando V para as sentenças verdadeiras e F para as falsas em relação às ações associadas à prevenção:

   ( ) Ações imediatas, organizadas em serviços de caráter preventivo, terapêutico e educacional, são exemplos de atitudes preventivas diante das deficiências.

   ( ) Fatores como falta de saneamento básico e baixa qualidade no atendimento de saúde pública auxiliam na prevenção de deficiências.

   ( ) Campanhas de vacinação, exames pré-nupciais, acompanhamento genético, palestras e orientações às gestantes e mães são exemplos de ações preventivas.

( ) A triagem neonatal deixa de ser uma ação preventiva na medida em que não identifica possíveis sinais de risco à saúde do bebê.

2) Com base no comentário a seguir e considerando os riscos envolvidos num processo de diagnóstico, marque V para as afirmativas verdadeiras e F para as falsas:

"Críticas também se estendem sobre a questão do rótulo ao indivíduo, a categorização, implicando em [sic] consequências negativas, para não dizer devastadoras, sobre os sujeitos com alguma diferença, muitas vezes acentuando a estigmatização e o preconceito social, afetando, ainda, a pessoa em sua autoestima, enfraquecendo-a na busca de suas potencialidades" (Ziliotto, 2004, p. 35).

( ) O diagnóstico pode acarretar consequências negativas, dependendo da forma como o profissional projeta expectativas sobre o sujeito.

( ) O processo avaliativo deve investigar as potencialidades do sujeito.

( ) Deve-se rotular comportamentos, evidenciando apenas as impossibilidades das crianças.

( ) O diagnóstico é um instrumento que auxilia na compreensão das necessidades educacionais especiais do aluno.

3) Analise as proposições a seguir, assinalando V para as sentenças verdadeiras e F as falsas, considerando como devem desenvolver-se as ações no objetivo de prevenção:

( ) Restringir ações no âmbito político e social, deixando de realizar aquelas da área da saúde.

( ) Realizar uma política de ações preventivas na sociedade, ressaltando a necessidade de as organizações governamentais e não governamentais se fortalecerem como parcerias na adoção de medidas preventivas.

( ) Considerar que a família não pode ser um agente de prevenção.

( ) Realizar exames pré-natais a fim de proteger a saúde da gestante e do bebê.

4) Analise as proposições a seguir, assinalando V para as sentenças verdadeiras e F para falsas, considerando os objetivos do processo diagnóstico em educação especial:

( ) O diagnóstico prevê apenas os aspectos do aprender como fenômeno isolado do aluno.

( ) O diagnóstico deve analisar o sujeito de forma fragmentada.

( ) O diagnóstico serve como instrumento que auxilia na tomada de decisões, identificando potencialidades e necessidades educacionais do aluno.

( ) O diagnóstico busca somente salientar os aspectos clínicos, canalizando a reabilitação do aluno com necessidades educacionais especiais.

5) Considerando o comentário a seguir e as ações relacionadas à prevenção das deficiências, assinale V para as senteças verdadeiras e F para as falsas:

"O objetivo da prevenção está direcionado à criação de um conjunto de medidas de conhecimentos profissional, teórico e prático a serem utilizadas para planejar e orientar atividades dirigidas na redução da incidência de alterações. Sabe-se que, segundo dados da Organização Mundial da Saúde (OMS – 1982), 70% das causas das deficiências poderiam ser evitadas" (Ziliotto, 2004, p. 41).

( ) Exames pré-nupciais obrigatórios e acompanhamento pré-natal efetivo.

( ) Melhores condições de assistência perinatal e pós-natal.

( ) Programas que não efetuem imunização, tornando desnecessárias as campanhas de vacinação.

( ) Realização, nas maternidades, dos exames no recém-nascido, incluindo os testes do pezinho, do olhinho e da orelhinha.

Atividades de aprendizagem

1) Elabore um resumo crítico do texto a seguir. Sua opinião deve se concentrar em tópicos abordados na pesquisa realizada pelas autoras no tocante ao processo de avaliação de crianças no âmbito da educação.

Moysés, M. A. A.; Collares, C. A. L. Inteligência abstraída, crianças silenciadas: as avaliações de inteligência. **Psicologia USP**, São Paulo, v. 8, n. 1, p. 63-89, 1997. Disponível em: <http://www.scielo.br/scielo.php?script=sci_arttext&pid=S0103-65641997000100005>. Acesso em: 11 set. 2014.

2) Elabore algumas atividades que exemplifiquem a teoria das inteligências múltiplas relatadas por Gardner.

3) Em relação à sua vivência como educador(a), relacione sugestões de como a escola pode contribuir para a comunidade local, levando-a a agir numa perspectiva preventiva.

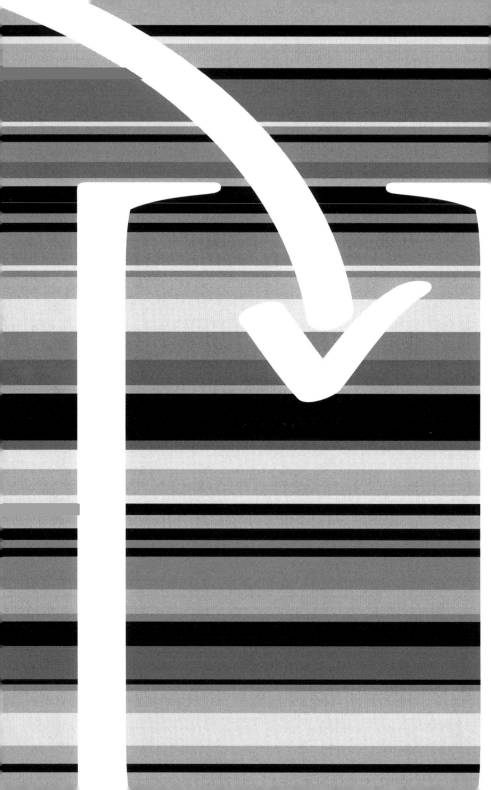

Educação especial na perspectiva inclusiva

Neste capítulo abordaremos questões referentes às terminologias relacionadas às pessoas com deficiência ao longo de toda história, além de apresentar o público-alvo e os principais pilares da nova política de educação especial inclusiva defendida pelo Ministério da Educação (MEC).

3.1 Reflexões sobre as terminologias utilizadas na educação especial

Revendo a história da educação especial (Brasil, 1998), podemos observar o trágico percurso daqueles que apresentavam alguma deficiência – abandonados e excluídos, menosprezados pela sociedade por serem considerados incapazes, além de rotulados em meio a várias terminologias empregadas durante as diferentes épocas da história, com termos depreciativos que remetiam ao preconceito relacionado à incapacidade: *retardamento mental, excepcionalidade* e *anormalidade*, entre outros. Tais termos trazem consigo o estigma daquele que não se encaixa nos padrões da grande maioria da população, revelando a "ignorância" da sociedade perante as atitudes de exclusão para com os sujeitos diferentes.

Em muitos aspectos, a problemática da deficiência reflete a maturidade humana e cultural de uma comunidade. Há implicitamente uma relatividade cultural que está na base do julgamento que distingue entre "deficientes" e "não deficientes". Essa relatividade obscura, tênue, sutil e confusa, procura, de alguma forma, "afastar" ou "excluir" os "indesejáveis", cuja presença "ofende", "perturba" e "ameaça" a ordem social. (Fonseca, 1997, p. 9)

Como relata Fonseca (1997), designações "humilhantes" recebidas em décadas passadas encerravam julgamentos e critérios sociais de rendimento e normalidade. Observamos, ainda, que tais palavras traziam embutido um cunho ideológico, uma vez que remetiam a uma visão médico-organicista que priorizava a deficiência em si em detrimento das potencialidades do sujeito. Os termos utilizados muitas vezes refletiam concepções preconceituosas, indicando a visão que se fazia sobre o sujeito que apresentasse, de forma permanente ou temporária, alguma diferença em seu desenvolvimento. Bianchetti e Freire (1998) sabiamente nos fazem refletir sobre a força operacional dos conceitos e suas consequências, abordando a importância de rever nomenclaturas empregadas a esse público.

Muitas discussões ocorreram em relação à terminologia dirigida a essa população e, a partir da década de 1990 – sob a influência de movimentos internacionais pautados na educação inclusiva e também sob a inspiração da Declaração de Salamanca* (Unesco, 1994) –, surgiu a expressão *necessidades educacionais especiais*, num enfoque que articula a interação das características individuais dos alunos com deficiência e o ambiente educacional e social, refletindo, com base nessa terminologia a respeito da real necessidade educacional do sujeito. Nesse importante documento, as escolas inclusivas

> *deveriam acomodar todas as crianças independentemente de suas condições físicas, intelectuais, sociais, emocionais, linguísticas ou outras.*
>
> *Aquelas [as escolas] deveriam incluir crianças deficientes e superdotadas, crianças de rua e que trabalham, crianças de origem remota ou de população nômade, crianças pertencentes a minorias linguísticas, étnicas ou culturais, e crianças de outros grupos desavantajados ou marginalizados.*
>
> *[...] No contexto desta Estrutura [de ação em educação especial], o termo "necessidades educacionais especiais" refere-se a todas aquelas crianças ou jovens cujas necessidades educacionais especiais se originam em função de deficiências ou dificuldades de aprendizagem.* (Unesco, 1994)

Almejando a superação do estigma embutido no uso dessas terminologias e aderindo ao paradigma de sociedade inclusiva, as Diretrizes Nacionais para a Educação Especial (Brasil, 2001)

---

* A Declaração de Salamanca (Unesco, 1994) tornou-se um importante marco na luta em defesa da escola inclusiva e tem como ideia norteadora o direito à educação, considerando as características dos alunos, com uma proposta de pedagogia centrada na criança e que respeite suas limitações e potencialidades. Esse importante documento destaca ainda a necessidade de as escolas serem projetadas com adaptações na edificação, afirmando que as políticas públicas devem prover a formação de professores voltada à inclusão.

sugerem a expressão "pessoa com necessidades educacionais especiais", de modo a refletir a real necessidade educacional do sujeito, excluindo terminologias que possam sugerir indícios estereotipados na sociedade e propondo uma utilização que enfatiza as possibilidades de desenvolvimento. "É nesta perspectiva que já percebemos especialistas da área, paulatinamente, assumindo a terminologia da diferença/deficiência como representação de uma nova postura na área de educação especial" (Bianchetti; Freire, 1998, p. 14).

Como lembra Fernandes (2006), o termo é amplo, uma vez que toda pessoa com deficiência pode apresentar necessidades educacionais especiais; no entanto, há outras situações de alunos que não necessariamente apresentam deficiência, podendo apresentar necessidades educacionais especiais temporárias. A expressão *necessidades educacionais especiais* tem gerado polêmica à medida que autores (DePaepe, Garrison-Kane; Doelling, 2002) têm discutido sobre alunos que apresentam quadro de doença crônica, os quais necessitam de adaptação e implementação de tecnologia assistida apropriada e exigem educadores mais responsivos às necessidades deles. Segundo estudo de Braga, Bomfim e Sabbag Filho (2012, p. 444),

> *As doenças crônicas na infância [...] acarretam uma série de dificuldades, que incluem dificuldades de aprendizagem e uma quantidade considerável de especificidades no cotidiano escolar do aluno. As dificuldades de aprendizagem se referem a desempenhos escolares insatisfatórios descritos pelos familiares como "alunos com dificuldade na leitura", "atrasado", "aprende, mas é lento, lerdo e atrasado" [...] os sintomas que afetam a participação nas atividades e os dias de aulas perdidos que podem ter um impacto no desempenho escolar.*

Desse modo, de acordo com o MEC (Brasil, 2010b, p. 22), é pertinente lembrar que

pessoa com deficiência é aquela que tem impedimentos de longo prazo, de natureza física, mental ou sensorial que, em interação com diversas barreiras, pode ter restringida sua participação plena e efetiva na escola e na sociedade.

Com o movimento internacional em defesa dos direitos das pessoas com deficiência, nosso país iniciou um discurso voltado à inclusão, acompanhando os mesmos princípios filosóficos da educação inclusiva, como o respeito universal aos direitos e às liberdades fundamentais do homem, a equiparação de oportunidades na educação, a visão de cidadania, o reconhecimento das diferenças e a participação das pessoas com deficiência na sociedade. Assim, foram promulgados vários instrumentos legais, como a Lei de Diretrizes e Bases da Educação Nacional – Lei n. 9.394, de 20 de dezembro de 1996 (Brasil, 1996) –, na qual se reconhece o direito da educação para todos e propõe que o ensino seja baseado nos princípios de igualdade de condições de acesso, permanência e aprendizagem para todos os alunos na escola.

Em meados de 2008, o MEC propôs a nova Política Nacional de Educação Especial na Perspectiva da Educação Inclusiva, em que apresentou a definição do público-alvo da educação especial, constituído pelos

alunos com deficiência, transtornos globais do desenvolvimento e altas habilidades/superdotação, orientando os sistemas de ensino a promoverem respostas adequadas às necessidades educacionais especiais desses alunos, de forma articulada com os profissionais da educação especial, priorizando o desenvolvimento de seu potencial e minimizando suas dificuldades. (Brasil, 2008, p. 15)

Nessa perspectiva inclusiva, há a necessidade de a escola reorganizar-se pedagogicamente e ofertar diferentes respostas educacionais para possibilitar o desenvolvimento acadêmico, baseadas numa concepção de escola inclusiva, promovendo, assim, um amplo debate sobre as diretrizes da escola brasileira, sua organização pedagógica e seus profissionais. Nas palavras de Carvalho (2000, p. 17),

Especiais devem ser as alternativas educativas que a escola precisa organizar, para que qualquer aluno tenha sucesso; especiais são os procedimentos de ensino; especiais são as estratégias que a prática pedagógica deve assumir para remover barreiras para a aprendizagem. Com este enfoque temos procurado pensar no especial da educação, parecendo-nos mais recomendável do que atribuir esta característica ao alunado.

A ênfase está justamente no suporte especial que deve subsidiar o trabalho, tanto no âmbito educacional, social ou profissional, incluindo as adaptações curriculares nas instituições de ensino que atendem aos alunos público-alvo da educação especial, quanto no que se refere às medidas de acessibilidade dessas pessoas em todos os locais de acesso público, incluindo o local de trabalho. De acordo com Fernandes (2006, p. 66),

Necessidades especiais significam suprimir barreiras arquitetônicas, reorganizar e adaptar ambientes, contar com o apoio de profissionais especializados e a flexibilização de currículos, entre tantas outras possibilidades buscadas na modificação do contexto regular de ensino para acolher o aluno e suas singularidades.

3.2 Política Nacional de Educação Especial na Perspectiva da Educação Inclusiva

Pautado na concepção mundial de escola inclusiva, o MEC publicou em 2008 a nova Política Nacional de Educação Especial na Perspectiva da Educação Inclusiva, defendendo o direito dos alunos com deficiência, transtornos globais do desenvolvimento e altas habilidades/superdotação de se matricularem e frequentarem o ensino comum como os demais alunos. Além disso, esse documento buscou assegurar o acesso, a participação e a aprendizagem no ensino comum, atendendo aos princípios do direito à diferença, da acessibilidade, da não discriminação e da efetiva participação, possibilitando o desenvolvimento das capacidades de todos os alunos e a sua inclusão social (Brasil, 2008a).

De acordo com essas diretrizes educacionais, os sistemas de ensino devem ofertar os serviços de apoio especializado desde a educação infantil até a superior, num caráter de transversalidade da educação especial, bem como propor a continuidade da escolarização nos níveis mais elevados do ensino. Por meio de tais medidas, muitos jovens com deficiência estão frequentando cursos de graduação e pós-graduação, exigindo que instituições forneçam recursos, acessibilidade urbanística, arquitetônica e comunicação como uma resposta adaptada às suas necessidades educacionais especiais.

O MEC também sugere uma nova organização educacional brasileira, em que define a educação especial como modalidade não substitutiva à escolarização e amplia esse serviço como um conceito de atendimento educacional especializado complementar ou suplementar à formação dos alunos.

A educação especial é definida como uma modalidade de ensino que perpassa todos os níveis, etapas e modalidades, que disponibiliza recursos e serviços, realiza o atendimento educacional especializado e orienta quanto a sua utilização no processo de ensino e aprendizagem nas turmas comuns do ensino regular. (Brasil, 2008a, p. 15)

A Política Nacional de Educação Especial na Perspectiva da Educação Inclusiva (Brasil, 2008a), ao propor o acesso e a permanência das pessoas com deficiência – transtornos globais do desenvolvimento no ensino comum –, defende que haja uma rede de apoio à escolarização proporcionada pela oferta de serviços especializados prestados por professores capacitados em educação especial, destacando-se o Atendimento Educacional Especializado (AEE).

Por meio de vários instrumentos jurídicos, o MEC prevê direcionamentos importantes, como o Decreto n. 7.611, de 17 de novembro de 2011 (Brasil, 2011), o qual estabelece que a educação das pessoas que formam o público-alvo da educação especial deve contar com os serviços de apoio especializado voltado a eliminar as barreiras que possam obstruir o processo de escolarização. Por meio desse decreto, considera-se atendimento educacional especializado o conjunto de atividades, recursos de acessibilidade e recursos pedagógicos, organizados institucional e continuamente, bem como a adequação arquitetônica de prédios escolares para acessibilidade, constituindo oferta obrigatória pelos sistemas de ensino (Brasil, 2011).

Para operacionalizar esse atendimento educacional especializado, o MEC propõe a oferta em salas de recurso multifuncional, que podem ser organizadas preferencialmente nas escolas comuns e em centros de atendimento educacional especializado da rede pública ou de instituições comunitárias, confessionais ou filantrópicas sem fins lucrativos. Trata-se de espaços disponibilizados para a realização do AEE, os quais têm como características mobiliário, materiais didáticos e pedagógicos, recursos de acessibilidade e equipamentos específicos para o atendimento aos alunos público-alvo da educação especial, em turno contrário à escolarização. De acordo com a nova Política Nacional de Educação Especial na Perspectiva da Educação Inclusiva (Brasil, 2008a) e com o art. 12 da Resolução n. 4, de 2 de outubro de 2009, para atuação no AEE, os professores devem ter formação inicial que os habilitem para o exercício da docência e formação específica para a educação especial; além disso, espera-se que "dominem programas de enriquecimento curricular, adequação/ produção de materiais didáticos e pedagógicos" (Brasil, 2009, p. 3).

Um dos aspectos que se destacam é a acessibilidade, uma das condições básicas para promover a escola inclusiva pautada na garantia de que as pessoas com deficiência possam participar de atividades cotidianas, escolares e de lazer, entre outras, por meio de produtos, serviços, informação e ajuda técnica, objetivando a superação de várias barreiras, como as de comunicação e mobilidade. Para tanto, a acessibilidade envolve os seguintes aspectos: arquitetônicos (banheiros e vias de acesso adaptados, sinalização táctil, sonora e visual); pedagógicos (materiais didáticos e pedagógicos acessíveis e recursos de tecnologia assistiva disponibilizados); de comunicações e informações (comunicação alternativa aumentativa, Libras, Braille, Libras táctil, Tadoma, informática acessível, texto ampliado, relevo e outros); além de adaptações nos mobiliários e no transporte.

Para saber mais

A fim de oferecer orientações e dicas sobre *sites* relacionados aos recursos de acessibilidade ao computador – informações a respeito de tecnologia assistiva e *softwares* gratuitos –, apresentamos alguns *links* que merecem ser acessados para conhecimento e aprofundamento do assunto tratado neste capítulo.

Kit acesso: março 2013. Disponível em: <http://www.acessibilidade.net/at/kit>. Acesso em: 11 set. 2014.

Assistiva: tecnologia e educação. Disponível em: <http://www.assistiva.com.br>. Acesso em: 11 set. 2014.

Download do sistema motrix. Disponível em: <http://www.intervox.nce.ufrj.br/motrix/download.htm>. Acesso em: 11 set. 2014.

Eugênio: o gênio das palavras – versão 2. Disponível em: <http://www.l2f.inesc-id.pt/~lco/eugenio>. Acesso em: 11 set. 2014.

Amplisoft software. Disponível em: <http://www.ler.pucpr.br/amplisoft>. Acesso em: 11 set. 2014.

Rede saci. Disponível em: <http://www.saci.org.br>. Acesso em: 11 set. 2014.

Tecnologia assistiva. Disponível em: <http://www.tecnologiaassistiva.com.br>. Acesso em: 11 set. 2014.

Ressaltamos aqui o pensamento de Ross (1998), ao afirmar que a deficiência não se situa apenas no sujeito, mas nos fatores ambientais, na qualidade dos estímulos e nas oportunidades sociais existentes, entre a maior ou menor capacidade de os sistemas educacionais darem respostas às necessidades educacionais especiais. Nesse sentido, é fundamental que seja viabilizada na escola inclusiva a construção de uma rede de suportes e de apoio que envolva profissionais capacitados em educação especial, além da interface com outras áreas como psicologia, assistência social, psicopedagogia, musicoterapia, fonoaudiologia e terapia ocupacional, que, em parceria, auxiliarão os professores em relação às especificidades de cada aluno, priorizando um sistema de ensino colaborativo ou cooperativo entre docentes do ensino regular e consultores especialistas de áreas afins (Ziliotto, 2013).

> PARA REFLETIR • • •
>
> Reflita se as mudanças na realidade da educação especial de fato ocorreram em nossa sociedade. Até que ponto a sociedade atual está possibilitando de forma real e qualitativa o acesso e a permanência das pessoas com deficiência nos âmbitos escolar, profissional e social? Pense sobre essa questão e registre as suas opiniões.

A educação inclusiva envolve uma política educacional permeada por práxis pedagógicas inovadoras, acompanhada de qualificação aos profissionais da educação, garantia de acessibilidade e flexibilização curricular, profícua rede de apoio aos profissionais e familiares, além da postura profissional que reflita sobre o respeito à diferença e a acolhida ao aluno com deficiência, transtorno global de desenvolvimento (TGD) e altas habilidades/superdotação (AH/SD) e suas respectivas necessidades educacionais especiais.

3.3 PÚBLICO-ALVO DA EDUCAÇÃO ESPECIAL: DEFICIÊNCIAS, TRANSTORNOS GLOBAIS DO DESENVOLVIMENTO E ALTAS HABILIDADES/SUPERDOTAÇÃO

A seguir, destacamos algumas informações sobre o público-alvo da educação especial, conforme apresentadas na nova política educacional vigente.

3.3.1 ALTAS HABILIDADES/SUPERDOTAÇÃO

Em relação à pessoa com altas habilidades, tem sido defendido que a herança biológica, em conjunto com a estimulação ambiental, favorece a manifestação de suas características. Afirma-se, portanto, a relação estreita com os caracteres intrínsecos ao sujeito, percebidos pelos familiares até seu quinto ano de vida (Winner, 1998).

Conhecidos como *superdotados* ou *talentosos*, esses alunos podem apresentar elevado nível de desempenho em diferentes potencialidades; podem ocorrer isoladamente ou de forma combinada características como pensamento criativo ou produtivo, aptidão acadêmica específica, capacidade de liderança, talento especial para artes e alta capacidade psicomotora. É comum que apresentem habilidades de leitura e escrita e vocabulário avançado, perfeccionismo na realização das tarefas, senso de justiça exacerbado, pensamento criativo, fluência, flexibilidade e originalidade de ideias, alto nível de energia envolvido na realização de atividades e intensidade emocional.

Normalmente, esses alunos se destacam dos demais em função do grande interesse por problemas filosóficos, morais, políticos e sociais, bem como por livros e outras fontes de conhecimento. Tendem a questionar regras e autoridade e normalmente apresentam desenvolvimento moral avançado, além de grande poder de concentração nas atividades, persistência e boa memória.

Lima (2012) comenta que existem três traços no comportamento de alunos com altas habilidades e superdotados (AH/SD) que devem ser observados pelos educadores: habilidade acima da média, envolvimento, dedicação intensa ao tema ou assunto de maior interesse e criatividade. Normalmente, demonstram grande curiosidade por assuntos diferenciados, apontam soluções rápidas, têm originalidade ao se expressar e produzir atividades, são exigentes e preferem a companhia de colegas mais velhos. Também podem apresentar dificuldades no relacionamento social, pois nem sempre suas conversas são de interesse do grupo de colegas, e dão preferência ao trabalho independente, podendo ter dificuldade em aceitar críticas.

Fleith (2009) enfatiza que as estratégias de diferenciação curricular são fundamentais para que o aluno com altas habilidades tenha êxito e não se sinta desmotivado com a vida escolar – são recomendadas aprendizagem acelerada ou experiências de enriquecimento curricular. A autora pondera que, ao se decidir pela aceleração de estudos, é importante não existir pressão: o professor e os pais devem ser favoráveis ao processo, e o aluno, ser maduro e estável emocionalmente, além de manifestar o desejo de que essa estratégia seja posta em prática.

Lima (2012) defende a importância do enriquecimento curricular, que consiste na suplementação, na ampliação e no aprofundamento de conteúdos e assuntos que devem ser oferecidos nas áreas de maior interesse e habilidades desses alunos.

3.3.2 Deficiências sensoriais

Incluem-se aqui as deficiências que envolvem os sentidos da visão e da audição, bem como a combinação destas.

3.3.2.1 Visual

As principais causas da deficiência visual estão relacionadas a doenças infecciosas, como toxoplasmose e rubéola materna, ou ainda glaucoma, traumas mecânicos ou doenças degenerativas da retina. De acordo com o momento da perda visual, a cegueira pode ser denominada *congênita*, quando se dá antes dos 5 anos de idade, e *adquirida*, quando ocorre após essa idade (Franca, 2013).

A Organização Mundial da Saúde (OMS) sugere que o termo *cegueira* deve ser usado somente para perda total da visão nos dois olhos e quando o indivíduo precisa de auxílios especiais para substituir as habilidades visuais. Sob o enfoque educacional, ela representa a perda total ou o resíduo mínimo da visão que leva a pessoa a necessitar do método Braille como meio de leitura e escrita, além de outros recursos didáticos e equipamentos especiais para sua educação. Já a visão reduzida constitui resíduo visual que permite ao educando ler impressos a tinta, desde que se empreguem recursos didáticos e equipamentos especiais (Brasil, 2006; Masi, 2002).

É importante que o educador fique atento a alguns sinais característicos da presença da deficiência visual na criança, como: desvio de um dos olhos; dificuldade no seguimento visual de objetos e no reconhecimento visual de familiares; irritação crônica dos olhos (lacrimejamento, pálpebras avermelhadas, inchadas ou remelosas); pestanejamento contínuo durante a leitura; náuseas, dupla visão ou névoas durante ou após a leitura; queixa de enevoamento visual; tentativas de afastar com as mãos os impedimentos visuais.

Em relação ao processo de inclusão escolar, Silva (2009) sugere que as escolas priorizem com os alunos cegos a aprendizagem multissensorial e que não estimulem apenas um único canal sensorial – o da audição. O autor defende que a estimulação do conjunto dos canais sensoriais remanescentes, associada à reflexão, à manipulação ou à exploração dos objetos de conhecimento, proporcionam melhor percepção dos elementos objetivos da realidade e, consequentemente, incentivam esses alunos a agirem, a interagirem e a se posicionarem de forma reflexiva e crítica, fortalecendo sua autonomia e independência diante dos limites socioculturais e psicológicos impostos pela sociedade. Rosa (2012) enfatiza a necessidade de garantir a inclusão dos alunos cegos mediante o oferecimento de recursos didáticos e pedagógicos devidamente adaptados, bem como de professores com formação específica.

3.3.2.2 Surdez

As causas mais frequentes de surdez estão relacionadas a viroses maternas (rubéola, sarampo), doenças tóxicas da gestante (sífilis ou toxoplasmose) e ingestão de medicamentos ototóxicos durante a gestação e, ainda, fatores hereditários e genéticos.

Os sinais mais comuns de alerta na infância podem ser sucintamente relacionados quando a criança não atende à voz materna, não movimenta a cabeça em direção à fonte sonora, não acorda com sons intensos (campainha, batidas de porta, telefone, trovão etc.), mostra desinteresse por ruídos provocados no ambiente, não imita o som que ouviu e não dança ao som de músicas. Na escola, dependendo do grau da surdez, pode manifestar comportamentos de desatenção e busca pelo contato visual, uma vez que seu canal de aprendizagem é visual-espacial; normalmente apresenta trocas na fala e vocabulário restrito ou, ainda, pode falar em intensidade alta; além disso, tende a solicitar com constância que repitam o que lhe foi dito. Pode sentir dores constantes de ouvido e vazamento, não responder ao ser chamada quando está de costas ou longe do interlocutor, distrair-se facilmente e encontrar dificuldade em entender ordens simples e compreender conversas.

Em função da garantia de disponibilização de tecnologia assistiva para a educação inclusiva, o MEC iniciou em 2012 o projeto "Uso do Sistema de FM* na Escolarização de Estudantes com Deficiência Auditiva", conforme Nota Técnica n. 28/2013 MEC/Secadi/DPEE, de 21 de março de 2013 (Brasil, 2013). Segundo o MEC, esse dispositivo pode ser um instrumento de acessibilidade para aqueles alunos surdos inclusos na rede regular de ensino que conseguiram desenvolver a língua oral e que apresentam importante ganho funcional com o uso de aparelhos de amplificação sonora e/ou implantes cocleares (Brasil, 2013).

Atualmente, a surdez tem sido discutida como uma diferença linguística, uma vez que pessoas que apresentam perda auditiva significativa se comunicam na modalidade visual-espacial, a língua de sinais**.

---

* O Sistema de Frequência Modulada (FM) é indicado aos alunos surdos inclusos e usuários de aparelhos de amplificação sonora individual (Aasi) e/ou implante coclear (IC). Ele consiste em um microfone ligado a um transmissor de frequência modulada portátil usado pelo professor, que capta sua voz e transmite diretamente ao receptor de FM conectado ao Aasi e/ou IC do estudante, permitindo-o ouvir a fala do professor de forma mais clara, eliminando o efeito negativo do ruído e reverberação, típicos do ambiente escolar, e suprimindo a distância entre o sinal de fala do professor e a criança (Brasil, 2013).

** Lei n. 10.436, de 24 de abril de 2002, reconhece a Língua Brasileira de Sinais (Libras) como a segunda língua oficial do país (Brasil, 2002a).

Segundo Fernandes (2005, p. 3), as pessoas que apresentam "surdez leve ou moderada geralmente comunicam-se e aprendem utilizando a linguagem oral, desenvolvendo um bom domínio do português. No entanto, a perda auditiva pode impedir a perfeita percepção dos fonemas das palavras, causando problemas na compreensão do que é dito". Já as crianças com surdez severa ou profunda necessitam de um trabalho educacional mais intenso, com profissionais especializados – intérprete da língua de sinais, professores bilíngues e instrutor surdo, entre outros profissionais –, priorizando o acesso à língua de sinais em escola bilíngue. Nesse sentido, a educação bilíngue para surdos pode ser uma "proposta educacional que compreende, em sua realização, a utilização de duas línguas na comunicação e no ensino dos Surdos: A Língua Brasileira de Sinais (Libras) e a língua portuguesa" (Fernandes, 2011, p. 104).

É importante lembrar que o direito à educação bilíngue para surdos, pautada no Decreto n. 5.626, de 22 de dezembro de 2005 (Brasil, 2005), implica um ambiente escolar bilíngue, em que a língua de sinais é a língua de instrução, e no respeito ao aprendizado da segunda língua, a língua portuguesa, por meio de estratégias pedagógicas diferenciadas, envolvendo letramento bilíngue e cuidado nas flexibilizações curriculares e critérios diferenciados na avaliação.*

3.3.2.3 SURDOCEGUEIRA

Constitui-se do efeito combinado das deficiências auditiva e visual. Pode ser causada por rubéola durante a gestação, infecção transplacentária, infecções neonatais, erros inatos de metabolismo e traumatismos, além de síndromes como a de Usher e a de Charge.

---

* Para mais informações, consultar Fernandes (2002).

A surdocegueira pode ocorrer em dois períodos: o pré-linguístico – adquire-se antes da aquisição de uma língua (português ou Libras); e o pós-linguístico, quando se manifesta após a aquisição de uma língua. O aluno surdocego necessitará aprender a utilizar os sentidos remanescentes e/ou os resíduos auditivos e visuais para o estabelecimento de trocas significativas e necessárias à sua participação efetiva no ambiente (Marra, 2010).

De acordo com Erikson (2002, p. 119),

O papel do professor, intérprete ou guia-intérprete junto à criança surdocega será o de suprir sua carência de funcionamento sensorial com estímulos organizados e significativos, promovendo a construção de sua consciência e imagem corporal, seu desenvolvimento motor e afetivo, e também sua autonomia.

Para Nascimento (2006), o processo de aprendizagem da via de comunicação para o aluno com surdocegueira exige atendimento especializado, com estimulação específica e individualizada, e os recursos de comunicação usados são diversos, conforme o desenvolvimento de cada sujeito. Destacam-se os sistemas alfabéticos – dactilológico, letras maiúsculas, tablitas, Braile, máquina de escrever em tinta ou em Braile – e não alfabéticos, como Libras, Libras adaptada, leitura labial, Tadoma, movimentos corporais, sinais no corpo, símbolos, sistemas suplementares de comunicação, Bliss, PCS e Compic, desenho e outros. Todavia, em todos o tato constitui a via mais promissora no estabelecimento das interações com o ambiente.

3.3.3 Deficiência física

A deficiência física constitui-se pela variedade de condições não sensoriais que afetam a mobilidade e a coordenação motora geral, de modo a apresentar algum tipo de paralisia, limitação do aparelho locomotor, amputação, malformação congênita ou qualquer tipo de deficiência que interfira na locomoção, coordenação e fala (Brasil, 1998).

O bebê com essas condições normalmente não sustenta a cabeça na época esperada (aos 3 meses), não abre as mãos voluntariamente (aos 4 meses), não rola nem senta (até os 6 meses) e não anda (entre 1 ano e 1 ano e meio). Na infância, a criança não consegue controlar os movimentos do corpo, encontra dificuldades para pegar objetos e mexer uma ou as duas pernas ou as pernas e os braços.

As consequências de uma deficiência física podem estar associadas a lesões raquiomedulares, paralisia cerebral, amputação, pequenas deformidades e paralisias progressivas, lesão medular (tetraplegias, paraplegias), sequelas de politraumatismos, malformações congênitas, distúrbios posturais da coluna, reumatismos inflamatórios da coluna e das articulações e sequelas de queimaduras.

A paralisia cerebral é definida pela OMS como uma deficiência física originada por uma lesão cerebral ocorrida durante ou logo após o nascimento da criança, resultando em uma lesão ou mau desenvolvimento do cérebro, de caráter não progressivo, porém permanente (Scorsolini-Comin; Amorim, 2010). Segundo Petean e Murata (2000), a paralisia cerebral se constitui em um problema neurológico que envolve funções neuromusculares, com ou sem déficit intelectual. Pode apresentar características como: a espasticidade, em que há prejuízo do controle motor, acarretando movimentos de tensão, espasmos e coordenação pobre; a atetose, em que há contrações involuntárias dos músculos, normalmente das extremidades, que afetam a coordenação do movimento para determinado objetivo; e ainda a ataxia, uma incoordenação causada por dano cerebral, que caracteriza-se problemas de equilíbrio, postura e marcha hesitante.

Estudos recentes (Assis; Garotti; Oliveira, 2014) com crianças com paralisia cerebral (PC) indicam que, apesar de esse público apresentar expressões faciais, movimentos corporais, visuais e sonorizações sugestivos de conhecimentos apreendidos, há comprometimentos na área motora que podem inibir sua expressão por meio da linguagem oral e escrita, competências essenciais para sua inclusão social. Tais estudos defendem o uso de tecnologia assistiva de alunos com paralisia cerebral, enfocando o processo de aprendizagem como forma de desenvolver métodos mais efetivos para estabelecer comunicações não vocais em indivíduos que não podem ou não aprenderam a falar.

3.3.4 Deficiência intelectual

A deficiência intelectual é caracterizada pelo funcionamento intelectual geral significativamente abaixo da média, oriundo do período de desenvolvimento, concomitante com limitações associadas a duas ou mais áreas da conduta adaptativa ou da capacidade do indivíduo em responder adequadamente às demandas da sociedade, como comunicação, cuidados pessoais, habilidades sociais, desempenho na família e comunidade, independência na locomoção, saúde e segurança, desempenho escolar, lazer e trabalho (Brasil, 2010b).

Também pode ser definida como uma condição na qual houve interrupção do desenvolvimento mental, prejudicando o nível global de inteligência e as aptidões de aprendizado, de fala, de habilidades motoras e sociais (Dessen; Silva, 2001). Muitas crianças com essa deficiência apresentam a mesma ordem e sequencialidade evolutivas, contando, entretanto, com uma lentidão em seu ritmo de evolução (Romero, 1995).

Mendes e Veltrone (2011) salientam que essas dificuldades devem se manifestar antes de 18 anos de idade. Os autores ressaltam, ainda, que:

Atualmente, esta condição da deficiência intelectual deve ser compreendida enquanto a interação entre uma pessoa com funcionamento intelectual limitado e seu ambiente. Por estar guiada por uma orientação funcional da condição da deficiência, existe um forte compromisso da necessidade de classificação baseada na intensidade dos apoios necessários. A premissa básica é a de que com os apoios individualizados certos a pessoa geralmente vai melhorar a maneira como funciona na vida cotidiana. (Mendes; Veltrone, 2011, p. 145)

Pan (2012) defende que o desafio da educação quanto a pessoas com deficiência intelectual reside em incluí-las na escola comum, recriando a educação, uma vez que elas têm formas particulares e dinâmicas de pensamento.

3.3.5 TRANSTORNOS GLOBAIS DO DESENVOLVIMENTO (TGDs)

Conforme definido na Classificação Internacional das Doenças (CID-10), os TGDs caracterizam-se pela condição de alterações qualitativas das interações sociais recíprocas e, ainda, das modalidades de comunicação, sendo característico um repertório de interesses e atividades restrito, estereotipado e repetitivo. No manual Diagnóstico e Estatístico de Transtornos Mentais (DSM-IV-TR – APA, 1994), o grupo hoje denominado *transtornos invasivos do desenvolvimento* – ou *transtornos globais do desenvolvimento* – é constituído pelo transtorno autista, o transtorno de Rett, o transtorno desintegrativo da infância, o transtorno de Asperger e o transtorno global do desenvolvimento sem outra especificação.

Belisario Filho e Cunha (2010) recomendam que, referente à escolarização das crianças com TGD,

será preciso que as intervenções pedagógicas se pautem inicialmente nos aspectos de ensino e aprendizagem pertinentes ao campo do desenvolvimento cognitivo relativo à familiarização com o ambiente, ao melhor domínio da rotina escolar, ao estabelecimento de vínculos e estratégias de comunicação/antecipação e à destinação de sentido à experiência no meio social da escola. É necessário que a criança consiga, aos poucos, prever a rotina escolar, ao mesmo tempo que amplia sua flexibilidade mental diante dos acontecimentos não previstos da escola. Durante esse período inicial, os profissionais da escola precisam buscar um equilíbrio entre estratégias de acolhimento às necessidades desse aluno e a oferta da vivência do dia a dia da escola, sem efetuar grandes modificações que possam postergar o alcance destas competências por parte da criança com TGD. (Belisario; Cunha, 2010, p. 36)

3.3.5.1 Espectro autista

Caracterizados por déficits persistentes na comunicação social e nas interações sociais, padrões restritos e repetitivos de comportamento, interesses e atividades, os sintomas do espectro autista devem estar presentes no início da infância (Favoretto; Lamônica, 2014).

A criança com autismo, durante uma brincadeira, pode carecer de criatividade e espontaneidade, sua fala pode ser ecolálica, e seu desenvolvimento motor, caracterizado por repetições involuntárias e sem aparente função (rituais e maneirismos).

O planejamento do atendimento à criança com autismo deve ser estruturado de acordo com o desenvolvimento dela, priorizando a fala, a interação social/linguagem e a educação, consideradas importantes ferramentas para a promoção do processo de inclusão.

Farias, Maranhão e Cunha (2008) afirmam que a criança com autismo tende a não se beneficiar de uma aprendizagem por meio de exposição direta, sendo necessária a devida intervenção do professor, com base no uso da intencionalidade, o que possibilita a adequação dos diversos aspectos envolvidos na situação de aprendizagem às necessidades de transformação das estruturas cognitivas dela.

Para Bosa, Sanini e Sifuentes (2013), a criança com autismo pode beneficiar-se do processo inclusivo à medida que lhe é possibilitada a ampliação do repertório de habilidades sociais e de aceitação pelos pares. Isso se deve ao fato de que seu comportamento social parece decorrer da ausência de compreensão acerca do que se quer dela.

3.3.5.2 Transtorno de Rett

Essa síndrome constitui-se em desordens de natureza neurológica de forma evolutiva, comprometendo progressivamente as funções motora e intelectual e alterando o padrão de desenvolvimento, marcado por regressões nos aspectos psicomotores, na fala e no crescimento.

A síndrome de Rett (RTT) é um distúrbio neurológico que ocorre quase que exclusivamente em mulheres. Foi descrita em 1966 por Andreas Rett, uma neuropediatra austríaca. Depois de um período de desenvolvimento, inicialmente normal, pacientes afetados experimentam a perda da fala e uso de mão proposital, estereotipias manuais e anormalidades da marcha. As características adicionais incluem a desaceleração do crescimento da cabeça, convulsões, características autistas e anormalidades respiratórias. A maioria dos casos resulta de mutações no gene da MECP2. (Glaze; Schultz, 2014, p. 2)

Normalmente, inicia-se entre os 6 e 18 meses de idade com a estagnação precoce, caracterizada por uma parada no desenvolvimento, desaceleração do crescimento do perímetro craniano, diminuição da interação social com consequente isolamento. Posteriormente, entre 1 e 3 anos, são comuns a perda da fala e a presença de estereotipias manuais, podendo ainda ocorrer problemas respiratórios, distúrbios do sono e algumas manifestações de comportamento autístico. Com o passar dos anos, associa-se à deficiência intelectual, com a deterioração motora, o aparecimento de escolioses e de rigidez muscular e epilepsia, entre outros sintomas.

O espaço escolar deve prever a acessibilidade, considerando que muitas crianças apresentam bastante dificuldade na mobilidade/marcha e necessitam do auxílio de cadeiras de roda (Gaag; Mercadante; Schwartzman, 2006). Glaze e Schultz (2014) sugerem que a abordagem multidisciplinar é o ideal para elas, devendo ser previsto um programa de terapia física, ocupacional e comunicação.

3.3.5.3 Transtorno desintegrativo da infância

Com etiologia ainda desconhecida, esse transtorno é caracterizado pela regressão pronunciada em múltiplas áreas do funcionamento, após um desenvolvimento normal constituído de comunicação verbal e não verbal, relacionamentos sociais, jogos e comportamento adaptativo apropriado para a idade. As perdas costumam aparecer por volta dos 2 anos e antes dos 10 anos de idade e incluem as habilidades já adquiridas em pelo menos duas áreas: linguagem expressiva ou receptiva, habilidades sociais ou comportamento adaptativo, controle intestinal ou vesical, jogos ou habilidades motoras. Aqueles acometidos pelo transtorno apresentam déficits sociais e comunicativos e aspectos comportamentais geralmente observados no autismo. Não há deterioração continuada: após a regressão inicial, chega-se a um estado estável, mas com grande impacto durante toda a vida (Belisario Filho; Cunha, 2010).

Gaag, Mercadante e Schwartzman (2006) afirmam que há várias complicações neurológicas presentes nesse transtorno, especialmente a epilepsia; pode ser comum a deficiência intelectual, o que torna necessária uma abordagem multidisciplinar, com orientação aos pais.

3.3.5.4 Transtorno de Asperger

O transtorno de Asperger é um transtorno global do desenvolvimento em que há menor grau de prejuízo da fala e do desenvolvimento cognitivo, quando comparado com o autismo infantil (Arruda; Rodrigues; Sei, 2013). Chiari, Perissinoto e Tamanaha (2008) afirmam que o DSM-IV-TR considerou não haver prejuízo significativo nas áreas da linguagem e cognição entre os sujeitos com a síndrome, mas há relatos de que algumas dificuldades na comunicação social são verificadas, como incapacidade de reconhecer as regras convencionais da conversação que regem as interações sociais e o uso restrito de múltiplos sinais não verbais, como contato visual, expressões facial e corporal.

Para Facion (2007), é preciso que o planejamento de trabalho com crianças que apresentem esse transtorno envolva a atenção da família nas dificuldades vivenciadas no cotidiano e foque o aperfeiçoamento das capacidades delas. Arruda, Rodrigues e Sei (2013) discutem a necessidade de proporcionar oportunidades comunicativas mais eficientes aos indivíduos acometidos pela síndrome, considerando fundamental a presença de interlocutores atentos às características específicas deles e a utilização de estratégias que aproveitem e ampliem cada sinal comunicativo observado, seja verbal, seja não verbal.

Síntese

Neste capítulo, chamamos a sua atenção sobre os termos preconceituosos que podem repercutir negativamente no desenvolvimento dos sujeitos com desenvolvimento diferente, refletindo a respeito da necessidade de um novo olhar que considere o potencial e as habilidades das pessoas com deficiência, transtornos globais do desenvolvimento e altas habilidades/superdotação.

Mencionamos ainda a política de inclusão do MEC, que desafia as instituições educacionais a repensarem o processo pedagógico para atender às necessidades educacionais especiais dos alunos que são o público-alvo da educação especial. Essa política propõe mudanças nas concepções dos currículos inclusivos, métodos de ensino e avaliação adaptados, no uso de recursos de acessibilidade, na formação dos professores e nas ações políticas e sociais. Apresentamos, por fim, de forma sucinta, as principais características do público-alvo da educação especial, conforme a nova Política Nacional de Educação Especial na Perspectiva da Educação Inclusiva.

Indicações culturais

Filmes

Black. Direção: Sanjay Leela Bhansali. Índia: Yash Raj Films, 2005. 123 min.

Esse filme gira em torno de uma garota cega e surda e em seu relacionamento com seu professor, que mais tarde desenvolve a doença de Alzheimer.

Borboletas de Zagorsk. Direção: BBC, 1992. 40 min.

O documentário trata do trabalho desenvolvido em uma escola russa com crianças surdas e cegas, inspirado nos estudos de Lev Vygotsky. Reforça a importância da mediação e a crença de que todas as pessoas, independentemente da idade e da condição física ou intelectual, são capazes de aprender.

Feliz ano velho. Direção: Roberto Gervitz. Brasil: Universal, 1987. 111 min.

A trama diz respeito a um universitário que, mesmo sendo mergulhador, fica tetraplégico após um mergulho em um lago raso. Aborda situações de preconceito e estigma e novas possibilidades ante a deficiência.

Gaby: uma história verdadeira. Direção: Luis Mandoki. México: G. Brimmer Productions/TriStar Pictures, 1989. 110 min.

Esse filme retrata a história de Gabriela, que nasceu com paralisia cerebral e só conseguia mexer seu pé esquerdo. Ela começou a usar esses movimentos para se comunicar e conseguiu se tornar uma reconhecida escritora e poetisa.

Mentes que brilham. Direção: Jodie Foster. EUA: Orion Pictures, 1991. 99 min.

O filme narra a história de um garoto que demonstra ter talentos extremamente precoces, destacando-se em áreas distintas, como matemática e artes. Ele tem consciência de seu dom, da mesma forma que conhece a responsabilidade que isso lhe traz. Sua mãe luta para que o filho tenha uma vida e uma educação normal – e, ao tentar fazer isso, acaba limitando o potencial dele.

O milagre de Anne Sullivan. Direção: Arthur Penn. EUA: Playfilm Productions, 1962. 106 min.

Esse filme propõe uma reflexão sobre as atitudes e as práticas de uma professora para superar barreiras que impediam uma menina surdocega de aprender e participar da vida social.

Seu Nome é Jonas. Direção: Richard Michaels. EUA: MGM, 1979. 100 min.

Depois de passar três anos em uma instituição para retardados, um menino tem o diagnóstico de que possui apenas surdez; assim, a família se une na busca para aprender a se comunicar usando a língua de sinais.

Temple Grandin. Direção: Mick Jackson. EUA: HBO, 2010. 109 min.

O filme aborda a história real da jovem autista Temple Grandin, que tinha uma maneira particular de ver o mundo e acabou se distanciando dos humanos, mas conseguiu, entre muitas outras conquistas, defender seu doutorado.

Testemunha do silêncio. Direção: Bruce Beresford. EUA: Warner Bros., 1994. 101 min.

Nessa trama, um casal de irmãos assiste ao assassinato dos pais – o menino tem 9 anos e é autista. A polícia pede ajuda a um dos maiores especialistas no tratamento de crianças autistas para desvendar o crime.

Livros

Facion, J. R. **Transtornos do desenvolvimento e do comportamento.** 3. ed. Curitiba: Ibpex, 2007.

Fernandes, S. **Educação de surdos.** 2. ed. Curitiba: Ibpex, 2011.

Gugel, M. A. **A pessoa com deficiência e sua relação com a história da humanidade.** Disponível em: <http://pt.scribd.com/doc/75212384/A-pessoa-com-deficiencia-e-sua-relacao-com-a-historia-da-humanidade-1>. Acesso em: 10 set. 2014.

Januzzi, G. M. **A educação do deficiente no Brasil:** dos primórdios ao início do século XXI. Campinas: Autores associados, 2004.

Milaré, D. **Pedrão, o campeão.** São Paulo: Scipione, 1996.

Pan, M. A. G. S. **O direito à diferença:** uma reflexão sobre a deficiência intelectual e educação inclusiva. Curitiba: InterSaberes, 2013.

Sabatella, M. L. **Talento e superdotação:** problema ou solução?. 2. ed. Curitiba: Ibpex, 2008.

Sacks, O. **Vendo vozes:** uma jornada pelo mundo dos surdos. Rio de Janeiro: Imago, 1990.

Werneck, C. **Um amigo diferente.** Rio de Janeiro: WVA, 1996.

ATIVIDADES DE AUTOAVALIAÇÃO

1) Analise as proposições a seguir, assinalando V para as sentenças verdadeiras e F para as falsas em relação à nova Política de Educação Especial na Perspectiva da Educação Inclusiva (Brasil, 2008a), que apresenta os seguintes pilares:

 ( ) O atendimento educacional especializado é ofertado apenas na educação infantil.

 ( ) Assegurar a expansão das salas de recursos multifuncionais para o atendimento no contraturno de alunos com deficiência, transtornos globais do desenvolvimento e altas habilidades/superdotação.

 ( ) A educação especial passa a integrar a proposta pedagógica da escola regular.

 ( ) Assegurar a inclusão escolar apenas de alunos com deficiência sensorial.

2) Diante da nova Política de Educação Especial na Perspectiva da Educação Inclusiva, "os sistemas de ensino devem matricular todos os alunos, cabendo às escolas organizar-se para o atendimento aos educandos com necessidades educacionais especiais, assegurando as condições necessárias para uma educação de qualidade para todos" (Brasil, 2001, p. 29). Analise as proposições a seguir, assinalando V para as sentenças verdadeiras e F para as falsas:

 ( ) Cabe aos sistemas de ensino realizar adaptações curriculares e flexibilização nas avaliações para tornar possível o processo de aprendizagem de alunos com deficiência.

( ) A escola inclusiva deve garantir a acessibilidade das pessoas com deficiência.

( ) O atendimento educacional especializado deve substituir a escolarização dos alunos que apresentam deficiência, transtornos globais do desenvolvimento e altas habilidades/superdotação.

( ) O processo de inclusão implica uma quebra de paradigmas na sociedade na medida em que exige mudanças na estrutura dos sistemas escolares em seus diferentes níveis (do ensino básico ao ensino superior).

3) Marque V para as afirmações verdadeiras ou F para as falsas em relação às propostas mencionadas pela nova política de inclusão do MEC:

( ) O processo de inclusão pressupõe que a escola se qualifique para acolher toda a diversidade dos alunos nela matriculados.

( ) Ajustar-se à heterogeneidade em sala de aula, considerando as especificidades de aprendizagem dos alunos com necessidades educacionais especiais, não é uma prática necessária ao processo de inclusão.

( ) Diversificar estratégias de ensino atendendo às particularidades dos alunos com deficiência promove o processo de aprendizagem.

( ) Reformular e adaptar o projeto político-pedagógico, ressignificando as práticas escolares, são exemplos de atitudes inclusivas nos sistemas de ensino.

4) Marque V para as afirmações verdadeiras ou F para as falsas em relação à organização do trabalho pedagógico previsto na proposta inclusiva como modalidade de atendimento educacional especializado:

( ) O atendimento educacional especializado identifica, elabora e organiza recursos pedagógicos e de acessibilidade que eliminem as barreiras para a plena participação dos alunos, considerando as suas necessidades específicas.

( ) O atendimento educacional especializado disponibiliza programas de enriquecimento curricular, ensino de linguagens e códigos específicos de comunicação e sinalização, ajudas técnicas e tecnologia assistiva.

( ) As atividades desenvolvidas no atendimento educacional especializado diferenciam-se daquelas realizadas na sala de aula comum, não sendo substitutivas à escolarização.

( ) O atendimento educacional especializado complementa e/ou suplementa a formação dos alunos, com vistas à autonomia e à independência na escola e fora dela.

5) Marque V para as alternativas verdadeiras e F para as falsas, no que se refere às ideias relacionadas à promoção da educação inclusiva:

( ) As políticas públicas devem potencializar a relação entre a educação especial e a comum, com vistas a estruturar o acesso ao ensino regular e a disponibilização dos apoios especializados para atender às necessidades educacionais especiais.

( ) A sociedade inclusiva se caracteriza pela aceitação da diversidade, promovendo a adaptação dos mais variados setores, no sentido de incluir as pessoas com deficiência para que assumam seus papéis na sociedade.

( ) Assegurar a educação infantil, a aprendizagem, a alfabetização, a permanência e o acesso à educação, a valorização profissional, a formação docente e a gestão participativa, entre outras ações, representa os pilares para a inclusão educacional.

( ) A articulação intersetorial em prol da sociedade inclusiva compreende a cooperação entre setores de educação, saúde e assistência, fundamental para a efetivação da escola inclusiva, na medida em que potencializa a ação de cada um desses setores.

ATIVIDADES DE APRENDIZAGEM

1) Leia o comentário a seguir e produza um texto expressando sua opinião sobre a importância da educação inclusiva no desenvolvimento das crianças que apresentam necessidades educacionais especiais, público-alvo da educação especial.

"A ressignificação da educação especial trouxe, de fato, algumas possibilidades humanizadoras para se repensar o desenvolvimento dos alunos com e sem deficiência em uma mesma sala de aula, sem exceções" (Araujo; Bezerra, 2013, p. 581).

2) Qual é a aplicabilidade da nova política de inclusão em seu contexto? Reflita sobre as possíveis limitações e os pontos positivos encontrados em seu local de trabalho relacionados às iniciativas inclusivas que já ocorreram em sua escola/sala de aula.

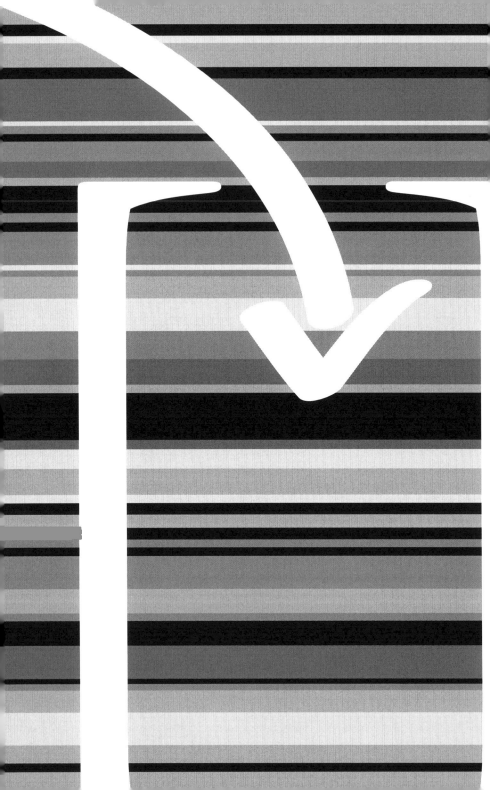

*A Educação deve contribuir para a autoformação da pessoa
(ensinar a assumir a condição humana, ensinar a viver)
e ensinar como se tornar cidadão.*
Morin, 2001, p. 65.

Considerações finais

Com o advento do paradigma inclusivo, novas ideias e posturas baseadas na ética, na diversidade e na cidadania começaram a ser debatidas na sociedade e passaram a se refletir no sistema educacional, principalmente no campo da educação especial. Isso tornou possível superar a segregação desses indivíduos e a atuação baseada na visão clínica-terapêutica e assistencialista, em prol da valorização do potencial e das habilidades daqueles com deficiência, transtornos globais do desenvolvimento e altas habilidades/superdotação, bem como proporcionar meios para que exerçam sua autonomia, em consonância com esse novo paradigma.

Nesse pensamento, a contribuição da educação vai na direção de possibilitar ao homem a conquista de sua autonomia social e a prática de seus direitos sociais. Nas palavras de Freire (2001, p. 36): "A prática educacional não é o único caminho à transformação social necessária à conquista dos direitos humanos, contudo acredito que, sem ela, jamais haverá transformação social".

Na perspectiva de uma sociedade voltada para a diversidade humana, um dos grandes desafios está em compreender a dinâmica de desenvolvimento de cada pessoa, postura que implica conhecer e respeitar as peculiaridades do seu funcionamento na aprendizagem e perceber como ele elabora seus afetos e seus vínculos com o contexto escolar.

Rever conceitos em relação à diversidade em sala de aula, evitar a rotulagem e a driscriminação e compreender aquele que é excluído pela sociedade constituem uma articulação que perpassa a ação pedagógica inclusiva. Para tanto, deve-se romper com a exclusão e, além disso, repudiar o julgamento errôneo e irresponsável de incapacidade imposto sobre esses alunos (que muito têm a nos ensinar), constituindo, assim, atitudes que caracterizam uma escola não excludente.

O cenário escolar é um espaço relacional que pode favorecer o desenvolvimento de laços afetivos e numa Escola Inclusiva oportuniza-se o convívio com a diferença, estabelecendo entre professor-aluno e aluno-aluno relações que se pautem no respeito nas atitudes, na igualdade de oportunidades, no uso de estratégias inovadoras nas práticas curriculares, na adequação do espaço escolar e na possibilidade de gerar autonomia e desenvolvimento dos alunos com algum tipo de necessidade educacional especial expressa de forma verdadeira por meio de uma prática e postura democráticas, proporcionando assim que o aluno aja como protagonista no seu meio social. (Ziliotto, 2013, p. 24)

À medida que a escola possibilita inovações curriculares e permite que o aluno que apresente necessidades educacionais especiais, em função de deficiência, transtorno global do desenvolvimento e altas habilidades/superdotação, seja avaliado em suas competências – tomando como pontos de análise os próprios avanços, e não a evolução da turma. À medida que a instituição escolar se abre para ouvir esse aluno e facilita espaços de autoria* de seu saber, relacionando-os com seu dia a dia, tornará o aprender prazeroso, fortalecendo o autoconceito acadêmico do estudante, propiciando que o aluno se sinta seguro naquilo que consegue fazer e respeitado em sua individualidade. Cabe à escola se mobilizar no sentido de adaptar-se às necessidades educacionais especiais do aluno, e não o contrário, em que o aprendiz, que verdadeiramente precisa de auxílio, esforça-se em adaptar-se de forma isolada à estrutura escolar.

O processo educativo deve contemplar a equiparação de oportunidades nos âmbitos cultural, social ou profissional, dando ao sujeito com deficiência, transtornos globais do desenvolvimento e altas habilidades/superdotação condições de inclusão com qualidade na sociedade. Além disso, precisa também garantir o exercício efetivo dos direitos humanos, a despeito da limitação inerente a esses indivíduos, concebendo-os como pessoas com potenciais a serem descobertos e aprimorados, possibilitando, assim, condições dignas de acesso tanto à educação quanto à vida em sociedade.

Concordamos com o pensamento de Maciel (2000), ao refletir sobre a responsabilidade de cada um em transformar a sociedade, tornando-a mais humanitária à medida que possibilita incluir com qualidade todos os seres humanos que nela habitam.

---

* Segundo Fernández (2001), autoria de pensamento é a condição para a autonomia da pessoa.

A prática da desmarginalização de portadores de deficiência deve ser parte integrante de planos nacionais de educação, que objetivem atingir educação para todos. A inclusão social traz no seu bojo a equiparação de oportunidades, a mútua interação de pessoas com e sem deficiência e o pleno acesso aos recursos da sociedade. Cabe lembrar que uma sociedade inclusiva tem o compromisso com as minorias e não apenas com as pessoas portadoras de deficiência. A inclusão social é, na verdade, uma medida de ordem econômica, uma vez que o portador de deficiência e outras minorias tornam-se cidadãos produtivos, participantes, conscientes de seus direitos e deveres, diminuindo, assim, os custos sociais. Dessa forma, lutar a favor da inclusão social deve ser responsabilidade de cada um e de todos coletivamente. (Maciel, 2000, p. 14)

Conviver com a diversidade em sala de aula e estar atento às necessidades subjetivas do sujeito cognoscente, estabelecendo cumplicidade com o processo de aprendizagem, respeitando-o, são de fato desafios atuais lançados à instituição escolar – os quais geram medos e angústias, mas também propiciam mudanças e aprendizagens para toda a vida. Assim, a escola que torna a construção de saberes prazerosa e contextualizada para toda e qualquer criança possibilita, como lembra Fernández (2001), que o aprender seja tão lindo quanto o brincar!

Glossário

» **Acessibilidade:** concepção, construção, reforma ou ampliação de edificações de uso público ou coletivo que devem atender ao conceito de *desenho universal*, baseado nas normas técnicas de acessibilidade da Associação Brasileira de Normas Técnicas – ABNT (NBR 9050).

» **Anóxia:** relacionado à ausência de oxigênio no cérebro.

» **Ataxia:** transtorno neurológico caracterizado pela falta de coordenação de movimentos musculares voluntários e de equilíbrio.

» **Cinestesia:** conjunto de sensações pelas quais são percebidos os movimentos musculares cujos estímulos provêm do próprio organismo.

» **Cognição:** ato ou processo da aquisição do conhecimento; operação mental que envolve o processamento da informação.

» **Comunicação alternativa:** destina-se a pessoas sem fala ou sem escrita funcional ou em defasagem entre sua necessidade comunicativa e sua habilidade de falar e/ou escrever.

» **Condicionamento:** processo pelo qual uma resposta é provocada por um estímulo, objeto ou situação, gerando mudança de comportamento que ocorre com base em estímulos do meio.

» **Defectologia:** termo utilizado pelo teórico Vygotsky em seus estudos relacionados à deficiência e à educação especial.

» **Espasmo:** contração involuntária de um músculo, grupo de músculos ou órgão, causada por mau funcionamento dos nervos.

» **Estigma:** marca, sinal.

» **Etiologia:** estudo ou ciência referente às causas/origens.

» **Fatores exógenos:** relacionados aos fatores externos (ambientais, sociais) que interferem no processo de desenvolvimento do indivíduo.

» INATO: algo que faz parte do indivíduo desde o seu nascimento; inerente ou congênito.

» MATURAÇÃO: processo de desenvolvimento neurológico.

» PARAPLEGIA: lesão medular caracterizada pela perda de controle e de sensibilidade dos membros inferiores, impossibilitando o andar e dificultando permanecer sentado.

» PSICOMETRIA: do grego *psyké* ("alma") e *metron* ("medida", "medição"), é uma área da psicologia que consiste no conjunto de técnicas utilizadas para mensurar, de forma adequada e comprovada experimentalmente, um conjunto ou uma gama de comportamentos que se deseja conhecer melhor.

» SEMIÓTICA: estudo dos signos, de como eles são interpretados/ representados.

» SÍNDROME: conjunto de sinais e sintomas de patologias diferenciadas que define as manifestações clínicas de uma ou várias doenças ou condições clínicas.

» TÁBULA RASA: expressão latina que significa literalmente "tábua raspada"; tem o sentido de "folha de papel em branco", ilustrando a ideia de que todo o conhecimento tem origem na experiência – isto é, as impressões colhidas do exterior pelos nossos sentidos deixam as suas marcas e formam as ideias.

» TECNOLOGIA ASSISTIVA: também conhecida como *ajudas técnicas*, é uma área do conhecimento, de característica interdisciplinar, que engloba produtos, recursos, metodologias, estratégias, práticas e serviços que objetivam promover a funcionalidade, relacionada à atividade e à participação de pessoas com deficiência, incapacidades ou mobilidade reduzida, visando à sua autonomia, independência, qualidade de vida e inclusão social.

Referências

AIELLO, A. L. R.; SILVA, N. C. B. da. Ensinando o pai a brincar com seu bebê com Síndrome de Down. **Educar em Revista**, Curitiba, n. 43, p. 101-116, jan./mar. 2012. Disponível em: <http://dx.doi.org/10.1590/S0104-40602012000100008>. Acesso em: 24 jul. 2014.

ALENCAR JÚNIOR, C. A. Projeto Diretrizes. **Assistência pré-natal**. São Paulo: SGOB – Federação Brasileira das Sociedades de Ginecologia e Obstetrícia; AMB – Associação Médica Brasileira; CFM – Conselho Federal de Medicina, 2001. Disponível em: <http://www.projetodiretrizes.org.br/projeto_diretrizes/081.pdf>. Acesso em: 10 set. 2014.

APA – AMERICAN PSYCHIATRIC ASSOCIATION. **Diagnostic and Statistical Manual of Mental Disorders**: DSM-IV. 4. ed. Washington, DC: APA, 1994. Disponível em: <http://justines2010blog.files.wordpress.com/2011/03/dsm-iv.pdf>. Acesso em: 10 set. 2014.

ARAUJO, D. A. C. de; BEZERRA, G. F. Em busca da flor viva: para uma crítica ao ideário inclusivista em educação. **Educação & Sociedade**, Campinas, v. 34, n. 123, p. 573-588, abr./jun. 2013. Disponível em: <http://dx.doi.org/10.1590/S0101-73302013000200014>. Acesso em: 24 jul. 2014.

ARMSTRONG, T. **Inteligências múltiplas na sala de aula**. 2. ed. Porto Alegre: Artmed, 2001.

ARRUDA, S. L. S.; RODRIGUES, F. P. H.; SEI, M. B. Ludoterapia de criança com Síndrome de Asperger: estudo de caso. **Paidéia**, Ribeirão Preto, v. 23, n. 54, p. 121-127, jan./abr. 2013. Disponível em: <http://www.scielo.br/scielo.php?script=sci_arttext&pid=S0103--863X2013000100121&lng=pt&nrm=iso&tlng=en>. Acesso em: 24 jul. 2014.

ASSIS, G. J. A. de; GAROTTI, M. F.; OLIVEIRA, A. I. A. de. Tecnologias no ensino de crianças com paralisia cerebral. **Revista Brasileira de Educação Especial**, Marília, v. 20, n. 1, p. 85-102, jan./mar. 2014. Disponível em: <http://www.scielo.br/pdf/rbee/v20n1/a07v20n1.pdf>. Acesso em: 26 set. 2014.

AZENHA, M. G. **Construtivismo**: de Piaget a Emilia Ferreiro. 3. ed. São Paulo: Ática, 1994.

BARÓN, M. A. et al. Estado de ácido fólico en embarazadas adolescentes y adultas en el primer trimestre del embarazo. **Anales Venezolanos de Nutrición**, Caracas, v. 15, n. 2, jul. 2002. Disponível em: <http://www.scielo.org.ve/scielo.php?script=sci_arttext&pid=S0798-07522002000200004&lng=pt&nrm=iso>. Acesso em: 14 ago. 2014.

BATISTA, C. G.; CARDOSO, L. M.; SANTOS, M. R. de A. Procurando "botões" de desenvolvimento: avaliação de crianças com deficiência e acentuadas dificuldades de aprendizagem. **Estudos de Psicologia**, Natal, v. 11, n. 3, p. 297-305, set./dez. 2006.

BELISARIO FILHO, J. F.; CUNHA, P. **A educação especial na perspectiva da inclusão escolar**: transtornos globais do desenvolvimento. Brasília: MEC; Fortaleza: UFC, 2010. (Coleção A educação especial na perspectiva da inclusão escolar, v. 9). Disponível em: <http://portal.mec.gov.br/index.php?option=com_docman&task=doc_download&gid=7120&Itemid=>. Acesso em: 24 jul. 2014.

BEYER, H. O processo avaliativo da inteligência e da cognição na educação especial: uma abordagem alternativa. In: SKLIAR, C. (Org.). **Educação e exclusão**: abordagens socioantropológicas em educação especial. 2. ed. Porto Alegre: Mediação, 1997. p. 67-79.

BIANCHETTI, L.; FREIRE, I. M. (Org.). **Um olhar sobre a diferença**: interação, trabalho e cidadania. Campinas: Papirus, 1998.

Bosa, C. A.; Callias, M. Autismo: breve revisão de diferentes abordagens. **Psicologia: Reflexão e Crítica**, Porto Alegre, v. 13, n. 1, p. 167-177, 2000. Disponível em: <http://www.scielo.br/scielo.php?script=sci_arttext&pid=S0102-79722000000100017&lng=pt&nrm=iso>. Acesso em: 9 set. 2014.

Bosa, C. A.; Sanini, C.; Sifuentes, M. Competência social e autismo: o papel do contexto da brincadeira com pares. **Psicologia: Teoria e Pesquisa**, Brasília, v. 29, n. 1, p. 99-105, jan./mar. 2013. Disponível em: <http://www.scielo.br/scielo.php?script=sci_arttext&pid=S0102-37722013000100012>. Acesso em: 24 jul. 2014.

Braga, T. M. S.; Bomfim, D. P.; Sabbag Filho, D. Necessidades especiais de escolares com diabetes *mellitus* tipo 1 identificadas por familiares. **Revista Brasileira de Educação Especial**, Marília, v. 18, n. 3, jul./set. 2012. Disponível em: <http://www.scielo.br/scielo.php?script=sci_arttext&pid=S1413-65382012000300006&lng=pt&nrm=iso>. Acesso em: 10 set. 2014.

Brasil. Decreto n. 5.626, de 22 de dezembro de 2005. **Diário Oficial da União**, Poder Executivo, Brasília, DF, 23 dez. 2005. Disponível em: <http://www.planalto.gov.br/ccivil_03/_ato2004-2006/2005/decreto/d5626.htm>. Acesso em: 10 set. 2014.

Brasil. Decreto n. 7.611, de 17 de novembro de 2011. **Diário Oficial da União**, Poder Executivo, Brasília, DF, 18 nov. 2011. Disponível em: <http://www.planalto.gov.br/ccivil_03/_Ato2011-2014/2011/Decreto/D7611.htm>. Acesso em: 10 set. 2014.

Brasil. Lei n. 9.394, de 20 de dezembro de 1996. **Diário Oficial da União**, Poder Legislativo, Brasília, DF, 23 dez. 1996. Disponível em: <http://www.planalto.gov.br/ccivil_03/leis/l9394.htm>. Acesso em: 10 set. 2014.

BRASIL. Lei n. 10.436, de 24 de abril de 2002. **Diário Oficial da União**, Poder Legislativo, Brasília, DF, 25 abr. 2002a. Disponível em: <http://www.planalto.gov.br/ccivil_03/leis/2002/l10436.htm>. Acesso em: 10 set. 2014.

BRASIL. Lei n. 12.303, de 2 de agosto de 2010. **Diário Oficial da União**, Poder Legislativo, Brasília, DF, 3 ago. 2010a. Disponível em: <http://www.planalto.gov.br/ccivil_03/_Ato2007-2010/2010/Lei/L12303.htm>. Acesso em: 10 dez. 2014.

BRASIL. Ministério da Ação Social. Coordenadoria Nacional para a Integração da Pessoa Portadora de Deficiência. **Política nacional de Prevenção de Deficiências**. Brasília: MAS/ Corde, 1992a.

BRASIL. Ministério da Educação. Conselho Nacional de Educação. Câmara de Educação Básica. Resolução n. 4, de 2 de outubro de 2009. **Diário Oficial da União**, Poder Executivo, Brasília, DF, 5 out. 2009. Disponível em: <http://portal.mec.gov.br/dmdocuments/rceb004_09.pdf>. Acesso em: 10 ago. 2014.

BRASIL. Ministério da Educação. Secretaria de Educação Continuada, Alfabetização, Diversidade e Inclusão. **Nota Técnica n. 28**, de 21 de março de 2013. Brasília: MEC/Secadi/DPEE, 2013. Disponível em: <http://portal.mec.gov.br/index.php?option=com_docman&task=doc_download&gid=13288&Itemid=>. Acesso em: 10 set. 2014.

BRASIL. Ministério da Educação. Secretaria de Educação Especial. **Marcos político-legais da educação especial na perspectiva da educação inclusiva**. Brasília: Seesp, 2010b. Disponível em: <http://www.funorte.com.br/files/PDF/biblioteca/marcos-politico-legais.pdf>. Acesso em: 26 set. 2014.

BRASIL. Ministério da Educação. **Parâmetros Curriculares Nacionais**: adaptações curriculares. Brasília: MEC; Seesp, 1998.

BRASIL. **Parâmetros Curriculares Nacionais**: adaptações curriculares – estratégias para a educação de alunos com necessidades educacionais especiais. Brasília: MEC; Seesp, 1999.

BRASIL. **Política Nacional de Educação Especial na Perspectiva da Educação Inclusiva**. Brasília: MEC/Seesp, 2008a. Disponível em: <http://portal.mec.gov.br/arquivos/pdf/politicaeducespecial.pdf>. Acesso em: 12 ago. 2014.

BRASIL. **Saberes e práticas da inclusão**: recomendações para a construção de escolas inclusivas. 2. ed. Brasília: MEC/Seesp, 2006. (Série Saberes e práticas da inclusão). Disponível em: <portal.mec.gov.br/seesp/arquivos/pdf/const_escolasinclusivas.pdf>. Acesso em: 24 jul. 2014.

BRASIL. **Diretrizes Nacionais para a Educação Especial na Educação Básica**. Brasília: MEC/Seesp, 2001. Disponível em: <http://portal.mec.gov.br/seesp/arquivos/pdf/diretrizes.pdf>. Acesso em: 26 set. 2014.

BRASIL. Ministério da Saúde. **Informações sobre a Síndrome de Down**: destinadas a profissionais de unidades de saúde. Brasília: Programa Nacional de Atenção à Pessoa Portadora de Deficiência, 1994.

BRASIL. Ministério da Saúde. Secretaria de Atenção à Saúde. **Política Nacional de Saúde da Pessoa Portadora de Deficiência**. Brasília: Editora do Ministério da Saúde, 2008b. (Série E. Legislação em Saúde). Disponível em: <http://bvsms.saude.gov.br/bvs/publicacoes/politica_nacional_saude_pessoa_deficiencia.pdf>. Acesso em: 10 dez. 2014.

BRASIL. **Portaria GM/MS n. 22**, de 15 de janeiro de 1992b.

BRASIL. Resolução RDC n. 344, de 13 de dezembro de 2002. **Diário Oficial da União**, Poder Executivo, Brasília, DF, 18 dez.

2002b. Disponível em: <http://portal.anvisa.gov.br/wps/wcm/connect/f851a500474580668c83dc3fbc4c6735/RDC_344_2002. pdf?MOD=AJPERES>. Acesso em: 10 set. 2014.

BRONFENBRENNER, U. **A ecologia do desenvolvimento humano**: experimentos naturais e planejados. Porto Alegre: Artes Médicas, 1996.

BROFENBRENNER, U.; MORRIS, P. A. The Ecology of Developmental Processes. In: DAMON, W.; LERNER, R. M. (Vol. Ed.). **Theoretical Models of Human Development**. 5. ed. New York: John Wiley, 1998. pp. 993-1028. (Handbook of Child Psychology Collection. v. 1.).

CARVALHO, R. E. **Removendo barreiras para a aprendizagem**: educação inclusiva. Porto Alegre: Mediação, 2000.

CHIARI, B. M.; PERISSINOTO, J.; TAMANAHA, A. C. Uma breve revisão histórica sobre a construção dos conceitos do Autismo Infantil e da síndrome de Asperger. **Revista da Sociedade Brasileira de Fonoaudiologia**, São Paulo, v. 13, n. 3, 2008. Disponível em: <http://www.scielo.br/scielo.php?script=sci_arttext&pid=S1516-80342008000300015&lng=pt&nrm=iso&tlng=pt>. Acesso em: 24 jul. 2014.

COLLARES, C. A. L.; MOYSÉS, M. A. A. Inteligência abstraída, crianças silenciadas: as avaliações de inteligência. **Psicologia USP**, São Paulo, v. 8, n. 1, p. 63-89, 1997. Disponível em: <http://www.scielo.br/scielo.php?script=sci_arttext&pid=S0103-65641997000100005&lng=pt&nrm=iso>. Acesso em: 10 set. 2014.

CORDIÉ, A. **Os atrasados não existem**: psicanálise de crianças com fracasso escolar. Porto Alegre: Artes Médicas, 1996.

COSTA, D. A. F. Superando limites: a contribuição de Vygotsky para a educação especial. **Psicopedagogia**, São Paulo, v. 23, n. 72,

p. 232-240, 2006. Disponível em: <http://pepsic.bvsalud.org/pdf/psicoped/v23n72/v23n72a07.pdf>. Acesso em: 17 ago. 2014.

CUBERO, R.; MORENO, M. Relações sociais nos anos escolares: família, escola, companheiros. In: COLL, C.; PALACIOS, J.; MARCHESI, A. (Org.). **Desenvolvimento psicológico e educação**: psicologia evolutiva. 2. ed. Porto Alegre: Artes Médicas, 1995. p. 250-260.

CUNHA, A. C. B. da; GUIDORENI, B. S. Interação terapêutica em saúde mental usando a teoria da aprendizagem mediada. **Psicologia em Estudo**, Maringá, v. 14, n. 3, p. 455-463, jul./set. 2009. Disponível em: <http://dx.doi.org/10.1590/S1413-73722009000300006>. Acesso em: 24 jul. 2014.

DEPAEPE, P.; GARRISON-KANE, L.; DOELLING, J. Supporting Students with Health Needs in Schools: an Overview of Selected Health Conditions. **Focus on Exceptional Children**, Denver, v. 35, n. 1, 2002.

DESSEN, M. A.; SILVA, N. L. P. Deficiência mental e família: implicações para o desenvolvimento da criança. **Psicologia: Teoria e Pesquisa**, Brasília, v. 17, n. 2, p. 133-141, maio/ago. 2001. Disponível em: <http://www.scielo.br/scielo.php?script=sci_arttext&pid=S0102-37722001000200005&lng=pt&nrm=iso>. Acesso em: 10 set. 2014.

DÍAZ, F. Vygotsky e a concepção sócio-histórico cultural da aprendizagem. In: MIRANDA, T.; GALVAO FILHO, T. (Org.). **O professor e a educação inclusiva**: formação, práticas e lugares. Salvador: Edufba, 2012. p. 61-88.

ENUMO, S. R. F.; TRINDADE, Z. A. Ações de prevenção da deficiência mental, dirigidas a gestantes e recém-nascidos, no âmbito da saúde pública da Grande Vitória-ES. **Psicologia USP**, São Paulo, v. 13, n. 1, p. 107-132, 2002. Disponível em: <http://www.scielo.br/scielo.

php?script=sci_arttext&pid=S0103-65642002000100006&lng=en&nrm=iso>. Acesso em: 10 set. 2014.

ERIKSON, L. A importância de intérpretes para pessoas surdocegas. In: MASINI, E. F. S. (Org.). **Do sentido... pelos sentidos... para o sentido**. São Paulo: Vetor, 2002. p. 119-120.

FACION, J. R. **Transtornos do desenvolvimento e do comportamento**. 3. ed. Curitiba: Ibpex, 2007.

FARIAS, I. M. de; MARANHÃO, R. V. de A.; CUNHA, A. C. B. da. Interação professor-aluno com autismo no contexto da educação inclusiva: análise do padrão de mediação do professor com base na Teoria da Experiência de Aprendizagem Mediada (Mediated Learning Experience Theory). **Revista Brasileira de Educação Especial**, Marília, v. 14, n. 3, p. 365-384, set./dez. 2008. Disponível em: <http://dx.doi.org/10.1590/S1413-65382008000300004>. Acesso em: 24 jul. 2014.

FAVORETTO, N. C.; LAMÔNICA, D. A. C. Conhecimentos e necessidades dos professores em relação aos transtornos do espectro autístico. **Revista Brasileira de Educação Especial**, Marília, v. 20, n. 1, p. 103-116, jan./mar. 2014. Disponível em: <http://www.scielo.br/scielo.php?pid=S1413-65382014000100008&script=sci_arttext>. Acesso em: 10 set. 2014.

FERNANDES, S. Avaliação da aprendizagem de alunos surdos. In: BOLSANELLO, M. A.; ROSS, P. R. **Educação especial e avaliação de aprendizagem na escola regular**. Curitiba: UFPR, 2005. p. 3-19.

FERNANDES, S. **Critérios diferenciados de avaliação na língua portuguesa para estudantes surdos**. 2. ed. Curitiba: Seed/Sued/DEE, 2002.

FERNANDES, S. **Educação de surdos**. 2. ed. Curitiba: Ibpex, 2011.

FERNANDES, S. **Fundamentos para educação especial**. Curitiba: Ibpex, 2006.

FERNÁNDEZ, A. **O saber em jogo**: a psicopedagogia propiciando autorias de pensamento. Porto Alegre: Artmed, 2001.

FEUERSTEIN, R.; FEUERSTEIN, S. Mediated Learning Experience: A Theorical Review. In: FEUERSTEIN, P. S.; TANNENBAUM, A. J. **Mediated Learning Experience (MLE)**: Theorical, Psychological and Learning Implications. London: International Center for Enhancement of Learning Potential, 1991. p. 3-51.

FLEITH, D. S. Mitos e fatos sobre os superdotados. In: IRELAND, T.; BARREIROS, D. **Tornar a educação inclusiva**. Brasília: Unesco, 2009. p. 220-224.

FONSECA, V. **Educação especial**. Porto Alegre: Artes Médicas, 1997.

FORMIGA, C. K. M. R.; PEDRAZZANI, E. S. A prevenção de deficiências no alvo da educação especial. **Revista Brasileira de Educação Especial**, Marília, v. 10, n. 1, p. 107-122, jan./abr. 2004. Disponível em: <www.abpee.net/homepageabpee04_06/artigos_em_pdf/revista10numero1pdf/8formiga_pedrazzini.pdf>. Acesso em: 10 set. 2014.

FRANCA, D. N. O. Sexualidade da pessoa com cegueira: da percepção à expressão. **Revista Brasileira de Educação Especial**, Marília, v. 19, n. 4, p. 583-596, out./dez. 2013. Disponível em: <http://www.scielo.br/scielo.php?pid=S1413-65382013000400008&script=sci_arttext>. Acesso em: 10 set. 2014.

FREIRE, P. **Comunicação ou extensão?** 9. ed. Rio de Janeiro: Paz e Terra, 1998.

FREIRE, P. **Pedagogia dos sonhos possíveis**. São Paulo: Unesp, 2001.

FREITAS, M. T. A. Desenvolvimento da linguagem: diferentes perspectivas de um tema vygotskiano. In: FREITAS, M. T. A.

(Org.). **Vygotsky**: um século depois. 2. ed. Juiz de Fora: UFJF, 1998. p. 85-104.

GAAG, R. J. V. der.; MERCADANTE, M. T.; SCHWARTZMAN, J. S. Transtornos invasivos do desenvolvimento não autísticos: Síndrome de Rett, transtorno desintegrativo da infância e transtornos invasivos do desenvolvimento sem outra especificação. **Revista Brasileira de Psiquiatria**, São Paulo, v. 28, Supl. 1, p. 12-20, maio 2006. Disponível em: <http://www.scielo.br/scielo.php?script=sci_arttext&pid=S1516-44462006000500003>. Acesso em: 10 set. 2014.

GANTHOUS, G.; ROSSI, N. F.; GIACHETI, C. M. Fluency Aspects in the Oral Narrative of Individuals with Fetal Alcohol Spectrum Disorder. **Audiology: Communication Research**, São Paulo, v. 18, n. 1, p. 37-42, jan./mar. 2013. Disponível em: <http://dx.doi.org/10.1590/S2317-64312013000100008>. Acesso em: 24 jul. 2014.

GARDNER, H. **Estruturas da mente**: a teoria das inteligências múltiplas. Porto Alegre: Artes Médicas, 1994.

GENER, B.; MARTÍNEZ, G. M. J. Síndrome de Rett. **Revista Española de Pediatría**, Madrid, v. 65, n. 1, p. 42-47, 2009.

GLAZE, D. G.; SCHULTZ, R. J. Síndrome de Rett. Disponível em: <http://www.uptodate.com/contents/rett-syndrome?topicKey=PEDS%2F6178&elapsedTimeMs=0&source=search_result&searchTerm=rett+syndrome&sel>. Acesso em: 19 abr. 2014.

IBGE – Instituto Brasileiro de Geografia e Estatística. **Características da população**. Disponível em: <http://7a12.ibge.gov.br/vamos-conhecer-o-brasil/nosso-povo/caracteristicas-da-populacao>. Acesso em: 16 dez. 2014.

INHELDER, B.; PIAGET, J. **A psicologia da criança**. Rio de Janeiro: Bertrand Brasil, 1993.

KIRK, S. A.; GALLAGHER, J. J. **Educação da criança excepcional**. 2. ed. São Paulo: M. Fontes, 1991.

KOSTIUK, G. S. Alguns aspectos da relação recíproca entre educação e desenvolvimento da personalidade. In: LEONTIEV, A. N.; LURIA, A. R.; VYGOTSKY, L. S. **Psicologia e pedagogia**: bases psicológicas da aprendizagem e do desenvolvimento. São Paulo: Moraes, 1991. p. 19-36.

LEITE, L. P.; OLIVEIRA, A. A. S. de. Construção de um sistema educacional inclusivo: um desafio político-pedagógico. **Ensaio: avaliação e políticas públicas em educação**, Rio de Janeiro, v. 15, n. 57, p. 511-524, out./dez. 2007.

LEONARDO, N. S. T.; ROSSATO, S. P. M. A deficiência intelectual na concepção de educadores da Educação Especial: contribuições da psicologia histórico-cultural. **Revista Brasileira de Educação Especial**, Marília, v. 17, n. 1, jan./abr. 2011. Disponível em: <http://www.scielo.br/scielo.php?script=sci_arttext&pid=S1413- -65382011000100006&lng=en&nrm=iso>. Acesso em: 9 set. 2014.

LIMA, D. Educação e a pessoa com AH/SD. In: MOHR, A. et al. **Pensando a inclusão**. Curitiba: UTFPR, 2012. p. 55-58.

LÖHR JUNIOR, A. Conduta frente à criança com trauma craniano. **Jornal de Pediatria**, Rio de Janeiro, v. 78, Supl. 1, p. 40-47, 2002. Disponível em: <http://www.scielo.br/pdf/jped/v78s1/v78n7a07.pdf>. Acesso em: 26 ago. 2014.

LOPES, J. Afinal, o que é construtivismo? **Nova Escola on-line**, São Paulo, n. 139, jan./fev. 2001.

MACIEL, M. R. C. Portadores de deficiência: a questão da inclusão social. **São Paulo em Perspectiva**, São Paulo, v. 14, n. 2, p. 51-56, abr./jun. 2000. Disponível em: <http://www.scielo.br/pdf/spp/v14n2/9788.pdf>. Acesso em: 9 set. 2014.

MANCINI, M. C. et al. Comparação do desempenho funcional de crianças portadoras de Síndrome de Down e crianças com desenvolvimento normal aos 2 e 5 anos de idade. **Arquivos de neuro-psiquiatria**, São Paulo, v. 61, n. 2B, p. 409-415, jun. 2003. Disponível em: <http://www.scielo.br/pdf/anp/v61n2B/16256.pdf>. Acesso em: 9 set. 2014.

MARCHESI, A.; MARTÍN, E. Da terminologia do distúrbio às necessidades educacionais especiais. In: COLL, C.; PALACIOS, J.; MARCHESI, A. (Org.). **Desenvolvimento psicológico e educação**: necessidades educativas especiais e aprendizagem escolar. Porto Alegre: Artes Médicas, 1995. p. 9-23.

MARRA, S. **Mediação pedagógica como estratégia de atuação junto a alunos do AEE Surdocegueira**. Uberlândia: Universidade de Uberlândia, 2010.

MASI, I. de. **Deficiente visual**: educação e reabilitação. Brasília: MEC/Seesp, 2002. Disponível em: <http://intervox.nce.ufrj.br/~abedev/Apostila-DV.doc>. Acesso em: 9 set. 2014.

MENDES, E. G.; VELTRONE, A. A. Descrição das propostas do Ministério da Educação na avaliação da deficiência intelectual. **Paidéia**, Ribeirão Preto, v. 21, n. 50, p. 413-421, set./dez. 2011. Disponível em: <http://dx.doi.org/10.1590/S0103-863X2011000300014>. Acesso em: 23 jul. 2014.

MIRANDA, S. **Inclusão escolar da pessoa com necessidades educativas especiais**: argumentos técnicos para uma discussão política ou vice-versa. Curitiba: Seed, 1997.

MOHR, A. et al. **Pensando a inclusão**. Curitiba: UTFPR, 2012.

MONTEIRO, M. A Educação Especial na perspectiva de Vygotsky. In: FREITAS, M. T. A. (Org.). **Vygotsky**: um século depois. 2. ed. Juiz de Fora: UFJF, 1998. p. 73-84.

Morin, E. **A cabeça bem-feita**: repensar a reforma, reformar o pensamento. 4. ed. Rio de Janeiro: Bertrand Brasil, 2001.

Nascimento, F. **Saberes e práticas da inclusão**: dificuldades de comunicação e sinalização – surdocegueira/múltipla deficiência sensorial. 4. ed. Brasília: MEC/Seesp, 2006.

O Garoto selvagem. Direção: François Truffaut. França: Les Artistes Associés, 1970. 83 min.

Olivier, C. E. **Puericultura**: preparando o futuro para o seu filho. Santa Bárbara do Oeste: Socep, 1998.

Ornitz, E. M. The Functional Neuroanatomy of Infantile Autism. **International Journal of Science**, Los Angeles, CA, v. 19, n. 1-4, p. 85-124, 1983.

Palacios, J. Introdução à psicologia evolutiva: história, conceitos básicos e metodologia. In: Coll, C.; Palacios, J.; Marchesi, A. (Org.). **Desenvolvimento psicológico e educação**: psicologia evolutiva. 2. ed. Porto Alegre: Artes Médicas, 1995. p. 9-26.

Pan, M. Educação e a pessoa com deficiência intelectual. In: Mohr, A. et al. **Pensando a inclusão**. Curitiba: UTFPR, 2012. p. 62-64.

Paraná (Estado). Deliberação n. 2, de 2 de junho de 2003. **Diário Oficial [do] Estado do Paraná**, Poder Legislativo, Curitiba, 2 jun. 2003. Disponível em: <http://celepar7cta.pr.gov.br/seed/deliberacoes.nsf/7b2a997ca37239c3032569ed005fb978/93946370948cd82903256d5700606b9e?OpenDocument>. Acesso em: 10 set. 2014.

Petean, E. B. L.; Murata, M. F. Paralisia cerebral: conhecimento das mães sobre o diagnóstico e o impacto deste na dinâmica familiar. **Paidéia**, Ribeirão Preto, v. 10, n. 19, p. 40-46, ago./dez. 2000. Disponível em: <http://www.scielo.br/scielo.php?script=sci_

arttext&pid=S0103-863X2000000200006&lng=es&nrm=1& tlng=pt>. Acesso em: 14 ago. 2014.

RAMOS, A. F. et al. A convivência da família com o portador de Síndrome de Down à luz da Teoria Humanística. **Revista Brasileira de Enfermagem**, Brasília, v. 59, n. 3, p. 262-268, maio/jun. 2006. Disponível em: <http://www.scielo.br/scielo.php?pid=S0034-71672006000300003&script=sci_arttext>. Acesso em: 10 set. 2014.

ROMERO, J. Os atrasos maturativos e as dificuldades de aprendizagem. In: COLL, C.; PALACIOS, J.; MARCHESI, A. (Org.). **Desenvolvimento psicológico e educação**: necessidades educativas especiais e aprendizagem escolar. Porto Alegre: Artes Médicas, 1995. p. 57-70.

ROSA, E. Educação e a pessoa com deficiência visual. In: MOHR, A. et al. **Pensando a inclusão**. Curitiba: UTFPR, 2012. p. 43-459.

ROSS, P. R. Educação e trabalho: a conquista da diversidade ante as políticas neoliberais. In: BIANCHETTI, L.; FREIRE, I. M. (Org.). **Um olhar sobre a diferença**: interação, trabalho e cidadania. 2. ed. Campinas: Papirus, 1998. p. 53-110.

SABATELLA, M. L. P. **Talento e superdotação**: problema ou solução?. 2. ed. Curitiba: Ibpex, 2008.

SCORSOLINI-COMIN, F.; AMORIM, K. de S. "Em meu gesto existe o teu gesto": corporeidade na inclusão de crianças deficientes. **Psicologia**: Reflexão e Crítica, Porto Alegre, v. 23, n. 2, 2010. Disponível em: <http://www.scielo.br/scielo.php?script=sci_arttext&pid=S0102-79722010000200008&lng=en&nrm=iso&tlng=pt>. Acesso em: 14 ago. 2014.

SCOZ, B. **Psicopedagogia e realidade escolar**: o problema escolar e de aprendizagem. 9. ed. Petrópolis: Vozes, 2002.

Silva, L. G. Múltiplas representações de docentes acerca da inclusão de aluno cego. In: Ireland, T.; Barreiros, D. **Tornar a educação inclusiva**. Brasília: Unesco, 2009. p. 177-198.

Skliar, C. (Org.). **Educação e exclusão**: abordagens socioantropológicas em educação especial. 2. ed. Porto Alegre: Mediação, 1997.

Smith, C.; Strick, L. **Dificuldades de aprendizagem de A a Z**: um guia completo para pais e educadores. Porto Alegre: Artmed, 2001.

Todorov, J. C.; Moreira, M. B. Psicologia, comportamento, processos e interações. **Psicologia: Reflexão e Crítica**, Porto Alegre, v. 22, n. 3, 2009. Disponível em: <http://www.scielo.br/scielo.php?pid=S0102-79722009000300011&script=sci_arttext>. Acesso em: 11 ago. 2014.

Touraine, A. **Igualdade e diversidade**: o sujeito democrático. Bauru: Edusc, 1998.

Unesco – Organização das Nações Unidas para a Educação, a Ciência e a Cultura. **Declaração de Salamanca**: sobre princípios, políticas e práticas na área das necessidades educativas especiais. Salamanca, 1994. Disponível em: <http://portal.mec.gov.br/seesp/arquivos/pdf/salamanca.pdf>. Acesso em: 10 set. 2014.

Vasconcelos, C.; Praia, J. F.; Almeida, L. S. Teorias de aprendizagem e o ensino/aprendizagem das ciências: da instrução à aprendizagem. **Psicologia Escolar e Educacional**, Campinas, v. 7, n. 1, jun. 2003. Disponível em: <http://www.scielo.br/scielo.php?script=sci_arttext&pid=S1413-85572003000100002&lng=pt&nrm=iso&tlng=pt>. Acesso em: 12 ago. 2014.

Virgolim, A. M. R. **Altas habilidades/superdotação**: encorajando potenciais. Brasília: MEC/Seesp, 2007. Disponível em: <http://portal.mec.gov.br/seesp/arquivos/pdf/altashab1.pdf>. Acesso em: 9 set. 2014.

VYGOTSKY, L. S. **A formação social da mente**. 4. ed. São Paulo: M. Fontes, 1991a.

VYGOTSKY, L. S. Aprendizagem e desenvolvimento intelectual na idade escolar. In: LEONTIEV, A. N.; LURIA, A. R.; VYGOTSKY, L. S. **Psicologia e pedagogia**: bases psicológicas da aprendizagem e do desenvolvimento. São Paulo: Moraes, 1991b. p. 1-17.

VYGOTSKY, L. S. **Pensamento e linguagem**. São Paulo: M. Fontes, 1993a.

VYGOTSKY, L. S. The Fundamentals of Defectology: Problems of Abnormal Psychology and Learning Disabilities. In: RIEBER, R. W.; CARTON, A. S. (Ed.). **The Collected Works of L. S. Vygotsky**. New York: Plenum, 1993b. p. 65-76. v. 1.

WINNER, E. **Crianças superdotadas**: mitos e realidades. Porto Alegre: Artes Médicas, 1998.

WOOD, D. **Como as crianças pensam e aprendem**. São Paulo: M. Fontes, 1996.

ZILIOTTO, G. S. **Adaptações curriculares**. Hiper book. Curso de gestão do processo pedagógico. Curitiba: Uninter, 2013.

ZILIOTTO, G. S. **Fundamentos psicológicos e biológicos das deficiências**. Curitiba: Ibpex, 2004.

ZILIOTTO, G. S. **Os caminhos de apropriação da língua escrita pela criança surda profunda, usuária da língua de sinais**. 131 f. Dissertação (Mestrado em Educação) – Setor de Educação, Universidade Federal do Paraná, Curitiba, 2001.

Bibliografia comentada

COLL, C.; PALACIOS, J.; MARCHESI, A. (Org.). **Desenvolvimento psicológico e educação**: psicologia evolutiva. 2. ed. Porto Alegre: Artes Médicas, 1995.

Essa obra apresenta aspectos referentes à psicologia do desenvolvimento, discutindo conceitos acerca das mudanças psicológicas que ocorrem ao longo da vida sob a ótica da psicologia evolutiva, além de descrever etapas desde a infância até a adolescência, enfocando a influência do contexto, numa visão interacionista do processo evolutivo.

DOLLE, J-M. **Para compreender Jean Piaget**. Rio de Janeiro: Cortez, 1991.

Esse livro apresenta, de forma didática e minuciosa, a teoria do desenvolvimento piagetiana, expondo conceitos básicos da epistemologia genética e possibilitando ao leitor compreender os procedimentos e a metodologia utilizados na pesquisa dessa teoria.

VYGOTSKY, L. S. **A formação social da mente**. 4. ed. São Paulo: M. Fontes, 1991.

Essa obra apresenta ensaios que reproduzem aspectos da teoria sócio-histórica, destacando o uso de instrumentos e o símbolo no desenvolvimento, o papel do brinquedo e a internalização das funções psicológicas superiores.

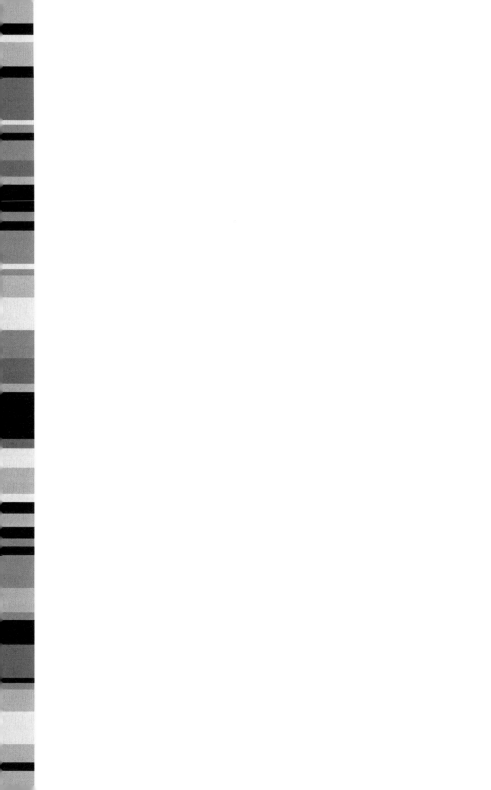

Gabarito

Capítulo 1
Atividades de autoavaliação

1) d

2) a

3) c

4) d

5) F, V, F, F

Capítulo 2
Atividades de autoavaliação

1) V, F, V, F

2) V, V, F, V

3) F, V, F, V

4) F, F, V, F

5) V, V, F, V

Capítulo 3
Atividades de autoavaliação

1) F, V, V, F

2) V, V, F, V

3) V, F, V, V

4) V, V, V, V

5) V, V, V, V

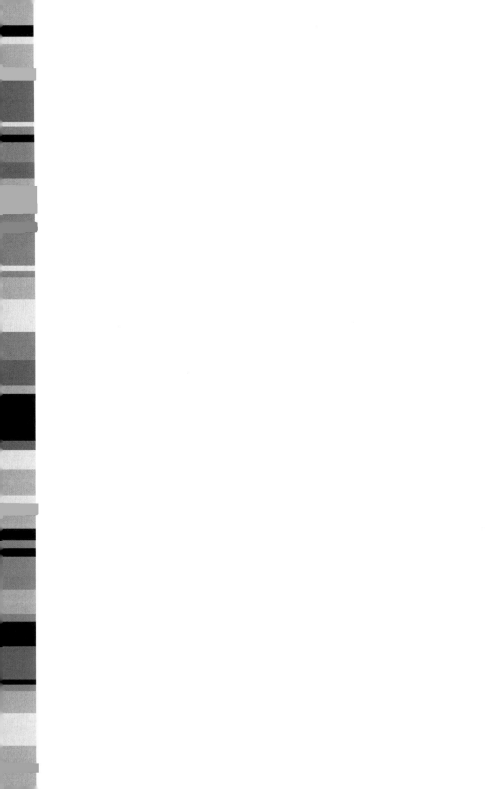

Sobre a autora

Gisele Sotta Ziliotto nasceu em Curitiba. É pedagoga, mestre em Educação e atua na área da educação especial desde 1990. Suas atividades abrangem atuação psicopedagógica na área da surdez, experiências com docência, coordenação pedagógica e consultoria/assessoramento. É docente em cursos de pós-graduação, ministrando aulas nas disciplinas referentes aos cursos de Psicopedagogia – âmbitos clínico e institucional –, Educação Especial Inclusiva e Gestão do Trabalho Pedagógico. Sua experiência como professora teve início na educação infantil e no ensino fundamental, após ter concluído o curso de Magistério no Instituto de Educação do Paraná (1988) e ter concluído Estudos Adicionais na área da Surdez (1989). Seu objeto de estudo, tanto na pós-graduação *lato sensu* em Processo Pedagógico (1996), na Pontifícia Universidade Católica do Paraná (PUC-PR), como no mestrado *stricto sensu* em Cognição e Aprendizagem (2001), na Universidade Federal do Paraná (UFPR), centrou-se nas concepções do sistema de escrita pela criança surda usuária de língua de sinais. Após sua formação em Psicopedagogia, manteve o interesse na investigação sobre o desenvolvimento da aprendizagem, em especial as dificuldades de aprendizagem de alunos surdos.

Impressão:
Janeiro/2023